学級経営のモヤモヤについて、現場がとことん考えてみた。

八神進祐 編著

明治図書

本書の見方

A 視点

学級目標は子どもが決める？　学級目標は教師が決める？

1 学級システム

学級目標は子どもが決めるのがいいのは…なぜ？

A 視点

>> 船長たる子どもたちとの航海の１年間へ

「自分たちの船を自分たちで操縦する」というのは，航海者たる者にとって，抜け落ちてはいけない考え方の１つです。同じように，学級の目標を自らの手で設定することは，子どもたちの学びの中での重要な一歩と言えるでしょう。もし教師がその目標を予め設定し，それを子どもたちに示すだけの場合，彼らはただ指示された道を進む船乗りとなってしまいます。そうではなく，**子どもたち自身が船長となり，自らの目標を設定し，その目標に向かって全力で進む。そのような姿こそ，真の学びの姿と言えるでしょう。**

教師の声掛け例としては，「みんなで１年間の旅の目的地を決めよう。どんな場所に行きたい？　どんなことを達成したい？」というように，子どもたちの意見や考えを引き出すことが重要です。子どもに黒板の活用を認め，自由に話し合わせてみましょう。話し合いが上手くいかない場合のサポートは教師の役目です。話し合いが長引いていつまでも決まらないということがないように，時間を決めて行いましょう。

>> 主体性の芽を一緒に育てる意義と楽しさ

「種を蒔く土壌は先生が用意します。ですが，種を蒔き，芽を出すのは皆さんです」という言葉を，子どもに掛けてみましょう。学級の目標を設定するというのは，まさにその「種蒔き」のようなもの。子どもたちがその種から芽を出し，それを育て上げることで，１年間の学びがより豊かなものとなるのです。

主体性とは，自分の意志で行動を選択し，それに責任をもつことを指します。この**主体性を育てるためには，子どもたち自身が目標を設定し，それを達成することの楽しさや意義を実感することが不可欠です。**教師の声掛けとしては，「この目標を達成するために，君たちならどうする？」や，「仲間と一緒に目標を達成する楽しさを感じてみよう」というように，子どもたちの主体性を引き出すことが重要です。

教師の役割として，子どもが目標にどれくらい近づけているかを自覚させる必要があります。運動会や学習発表会などの学校行事の際には必ず学級目標に立ち返ってみましょう。人間誰でも「自分で決めた目標であれば，達成したい」と思い努力するものです。

１年後，子どもが「みんなで協力して達成できたぞ」と思える日が迎えられますように。

10　11

B 視点

学級目標は子どもが決める？　学級目標は教師が決める？

1 学級システム

学級目標は教師が決めるのがいいのは…なぜ？

B 視点

>> ありきたりな言葉の羅列になりやすい

子どもの主体性が失われるから学級目標は子どもたちが決める方がいい，という意見があるのも事実です。突き詰めていけば，そうなることが理想なのでしょう。しかし，そもそも子どもたち全員が納得し，得心する学級目標なんてあり得るのでしょうか。発言力のある子が出したキーワードで目標を決めていったとして，発言していない子たちはその目標を自分事として捉えることができるのでしょうか。

こんなやり取りになることってありませんか？

T　皆さんはこのクラスをどんなクラスにしたいですか？
C　仲がいいクラス。
C　協力するクラス。
C　あきらめないクラス。
C　みんなが笑顔のクラス。
T　では，出た言葉を使って…

どれも大切で非常に重要なキーワードです。しかし，どれもありがちではないでしょうか。このありがちな言葉の羅列は，学級目標の形骸化や風景化につながっていくと考えています。こうなってしまうと，学級目標そのものの存在価値が低くなってしまうのです。

>> 形骸化，風景化させないために

学級目標というのは，その学級がどこへ向かっていくのかという，いわば「目指すべき到達点」です。ですから，教師自身が，子どもに対して抱く「こういったことを大切にしてほしい」「こういう在り方であってほしい」という願いが含まれて良いのです。こうすることによって，折に触れて教室で語ることができます。学級目標をもとにして，目指すべきところを確認することができるのです。このやり取りが，**価値のある学級目標へ**とつながっていくのです。

教師が，本当に大切にしたいと思っていることや信念をもとに学級目標を設定することによって，教室で繰り返し語り続けることができます。そして，その言葉にも魂が乗ってくるはずなのです。教師の心の底からの願いを学級の目標にすることが，結果的に子どもたちの成長にとってプラスに作用していきます。

学級目標を形骸化，風景化させないためにも教師の願いをもとに学級目標を設定しましょう。

12　13

では，どうする？

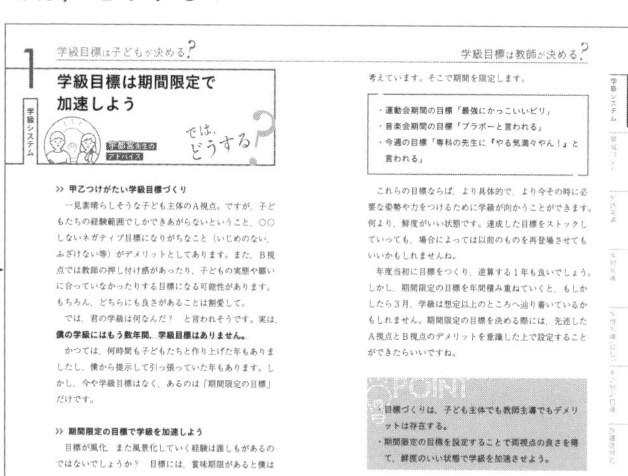

1　学級目標は子どもが決める？　　学級目標は教師が決める？

学級システム

学級目標は期間限定で加速しよう

宇野弘恵先生のアドバイス　では，どうする？

>> 甲乙つけがたい学級目標づくり

一見素晴らしそうな子ども主体のA視点。ですが，子どもたちの経験範囲でしかできあがらないということ，○○しないネガティブ目標になりがちなこと（いじめのない，ふざけない等）がデメリットとしてあります。また，B視点では教師の押し付け感があったり，子どもの実態や願いに合っていなかったりする目標になる可能性があります。もちろん，どちらにも良さがあることは割愛して。

では，君の学級は何なんだ？　と言われそうです。実は，**僕の学級にはもう数年間，学級目標はありません。**

かつては，何時間も子どもたちと作り上げた年もありましたし，僕から提示して引っ張っていた年もあります。しかし，今や学級目標はなく，あるのは「期間限定の目標」だけです。

>> 期間限定の目標で学級を加速しよう

目標が風化，また風景化していく経験は誰しもがあるのではないでしょうか？　目標には，賞味期限があると僕は考えています。そこで期間を限定します。

・運動会期間の目標「最強にかっこいいビリ」
・音楽会期間の目標「ブラボーと言われる」
・今週の目標「専科の先生に『やる気満々やん！』と言われる」

これらの目標ならば，より具体的で，より今その時に必要な姿勢や力をつけるために学級が向かうことができます。何より，鮮度がいい状態です。達成した目標をストックしていっても，場合によっては以前のものを再登場させてもいいかもしれませんね。

年度当初に目標をつくり，逆算する1年も良いでしょう。しかし，期間限定の目標を年間積み重ねていくと，もしかしたら3月，学級は想定以上のところへ辿り着いているかもしれません。期間限定の目標を決める際には，先述したA視点とB視点のデメリットを意識した上で設定することができたらいいですね。

POINT
・目標づくりは，子ども主体でも教師主導でもデメリットは存在する。
・期間限定の目標を設定することで両視点の良さを得て，鮮度のいい状態で学級を加速させよう。

14　　15

本書では，より良い学級づくり・授業づくりを考えていく上で，多くの教師がしばしば遭遇する**「モヤモヤ」**――**「Aがいいか？Bがいいか？」というジレンマを孕んだテーマ**の中から，30の話題を厳選して取り扱っています。

全ての項目は，次の6ページで構成されています。

●A視点／B視点（各2ページ×2）

…「モヤモヤ」に対し，あえて「Aである」「Bである」という2つの答えの立場に立ち，それぞれの論拠や理由（なぜ？）を解説しています。

●では，どうする？（2ページ）

…A・B各視点の解説を踏まえて，実践に向けての考え方，執筆者からのアドバイスをまとめています。

※A視点・B視点の執筆にあたっては，客観性を担保するため，執筆者全員で視点をランダムに分担し，「誰がどこを執筆したか」が分からない状態で執筆を進めました。中には執筆者自身の実践とは異なる立場で書かれた項目も含まれるため，本書内でも，A視点・B視点のページには，あえて執筆者を示していません。

Contents

環境づくり

生活指導

学習指導

学習指導（教科）

その他の指導

保護者対応

学級システム

学級目標は子どもが決める

のがいいのは…

>> 船長たる子どもたちとの航海の１年間へ

「自分たちの船を自分たちで操縦する」というのは，航海者たる者にとって，抜け落ちてはいけない考え方の１つです。同じように，学級の目標を自らの手で設定することは，子どもたちの学びの中での重要な一歩と言えるでしょう。もし教師がその目標を予め設定し，それを子どもたちに示すだけの場合，彼らはただ指示された道を進む船乗りとなってしまいます。そうではなく，**子どもたち自身が船長となり，自らの目標を設定し，その目標に向かって全力で進む。そのような姿こそ，真の学びの姿と言えるでしょう。**

教師の声掛け例としては，「みんなで１年間の旅の目的地を決めよう。どんな場所に行きたい？　どんなことを達成したい？」というように，子どもたちの意見や考えを引き出すことが重要です。子どもに黒板の活用を認め，自由に話し合わせてみましょう。話し合いが上手くいかない場合のサポートは教師の役目です。話し合いが長引いていつまでも決まらないということがないように，時間を決めて行いましょう。

>> 主体性の芽を一緒に育てる意義と楽しさ

「種を蒔く土壌は先生が用意します。ですが，種を蒔き，芽を出すのは皆さんです」という言葉を，子どもに掛けてみましょう。学級の目標を設定するというのは，まさにその「種蒔き」のようなもの。子どもたちがその種から芽を出し，それを育て上げることで，１年間の学びがより豊かなものとなるのです。

主体性とは，自分の意志で行動を選択し，それに責任をもつことを指します。この**主体性を育てるためには，子どもたち自身が目標を設定し，それを達成することの楽しさや意義を実感することが不可欠です。**教師の声掛けとしては，「この目標を達成するために，君たちならどうする？」や，「仲間と一緒に目標を達成する楽しさを感じてみよう」というように，子どもたちの主体性を引き出すことが重要です。

教師の役割として，子どもが目標にどれくらい近づけているかを自覚させる必要があります。運動会や学習発表会などの学校行事の際には必ず学級目標に立ち返ってみましょう。人間誰でも「自分で決めた目標であれば，達成したい」と思い努力するものです。

１年後，子どもが「みんなで協力して達成できたぞ」と思える日が迎えられますように。

学級目標は教師が決めるのがいいのは…なぜ?

B 視点

>> ありきたりな言葉の羅列になりやすい

子どもの主体性が失われるから学級目標は子どもたちが決める方がいい，という意見があるのも事実です。突き詰めていけば，そうなることが理想なのでしょう。しかし，そもそも子どもたち全員が納得し，得心する学級目標なんてあり得るのでしょうか。発言力のある子が出したキーワードで目標を決めていったとして，発言していない子たちはその目標を自分事として捉えることができるのでしょうか。

こんなやり取りになることってありませんか？

T　皆さんはこのクラスをどんなクラスにしたいですか？
C　仲がいいクラス。
C　協力するクラス。
C　あきらめないクラス。
C　みんなが笑顔のクラス。
T　では，出た言葉を使って…

どれも大切で非常に重要なキーワードです。しかし，どれもありがちではないでしょうか。このありがちな言葉の羅列は，学級目標の形骸化や風景化につながっていくと考えています。こうなってしまうと，学級目標そのものの存在価値が低くなってしまうのです。

>> 形骸化，風景化させないために

学級目標というのは，その学級がどこへ向かっていくのかという，いわば「目指すべき到達点」です。ですから，教師自身が，子どもに対して抱く「こういったことを大切にしてほしい」「こういう在り方であってほしい」という願いが含まれて良いのです。こうすることによって，折に触れて教室で語ることができます。学級目標をもとにして，目指すべきところを確認することができるのです。このやり取りが，**価値のある学級目標へ**とつながっていくのです。

教師が，本当に大切にしたいと思っていることや信念をもとに学級目標を設定することによって，教室で繰り返し語り続けることができます。そして，その言葉にも魂が乗ってくるはずなのです。教師の心の底からの願いを学級の目標にすることが，結果的に子どもたちの成長にとってプラスに作用していきます。

学級目標を形骸化，風景化させないためにも教師の願いをもとに学級目標を設定しましょう。

学級システム

学級目標は期間限定で加速しよう

宇都宮先生のアドバイス

では，どうする?

>> 甲乙つけがたい学級目標づくり

一見素晴らしそうな子ども主体のA視点。ですが，子どもたちの経験範囲でしかできあがらないということ，○○しないネガティブ目標になりがちなこと（いじめのない，ふざけない等）がデメリットとしてあります。また，B視点では教師の押し付け感があったり，子どもの実態や願いに合っていなかったりする目標になる可能性があります。もちろん，どちらにも良さがあることは割愛して。

では，君の学級は何なんだ？　と言われそうです。実は，**僕の学級にはもう数年間，学級目標はありません。**

かつては，何時間も子どもたちと作り上げた年もありましたし，僕から提示して引っ張っていた年もあります。しかし，今や学級目標はなく，あるのは「期間限定の目標」だけです。

>> 期間限定の目標で学級を加速しよう

目標が風化，また風景化していく経験は誰しもがあるのではないでしょうか？　目標には，賞味期限があると僕は考えています。そこで期間を限定します。

・運動会期間の目標「最強にかっこいいビリ」
・音楽会期間の目標「ブラボーと言われる」
・今週の目標「専科の先生に『やる気満々やん！』と言われる」

これらの目標ならば，より具体的で，より今その時に必要な姿勢や力をつけるために学級が向かうことができます。何より，鮮度がいい状態です。達成した目標をストックしていっても，場合によっては以前のものを再登場させてもいいかもしれませんね。

年度当初に目標をつくり，逆算する１年も良いでしょう。しかし，期間限定の目標を年間積み重ねていくと，もしかしたら３月，学級は想定以上のところへ辿り着いているかもしれません。期間限定の目標を決める際には，先述したＡ視点とＢ視点のデメリットを意識した上で設定することができたらいいですね。

POINT

・目標づくりは，子ども主体でも教師主導でもデメリットは存在する。
・期間限定の目標を設定することで両視点の良さを得て，鮮度のいい状態で学級を加速させよう。

2

学級システム

学級ルールは多くする

のがいいのは…

A

視点

>> ルールを増やしてみんなを守りたい

令和の今も，日本では毎年新しく法律が20本前後増えていっています。それは，変化する時代に対してシステムを維持するためであったり，困っている人々を支えたりするためです。皆が平等に，安全に生きるためです。

教室に置き換えて考えてみると，声の大きい子や自分勝手に行動する子の主張が通る時，他の子たちは我慢を強いられています。学級にはそもそもルールが必要なのです。

- ・ボールを返すのは，いつも優しいあの子。
- ・鬼ごっこの鬼は，いつも○○ちゃんから。
- ・そうじの雑巾をあの子はいつもしない。

細かい部分で，困っている，嫌な思いをしている子は教室にたくさんいるのです。だからこそ，**学級ルールが増えていくにつれ，学級に安心感を与えることができます。**ルールを増やし，それを守ることで学級内の権力は分散します。ルールの多さは，学級の成熟を意味するのです。

>> 民主的にルールを増やす

もちろん，教師の見取りで勝手にルールを増やしていくのではありません。それこそ，権力者の一方的な行使となってしまいます。学級会等で子どもに問いかけるのです。

T　もっとみんなが安心できる楽しいクラスにするために変えたいことはないかな。

C　運動場にボールを最初に持っていく人がいつも一緒な気がします。私も持っていきたい。

T　みんな，最初にボールをとりたいんだね。何か方法はないかな？

C　出席番号順に持っていけることにしたらいいんじゃないかな。

このように，**学級のみんなで考え，ルールを増やしていくことこそ民主的なのではないでしょうか。**もちろん，みんなの前で意見を言えない子もいるでしょう。場合によっては目安箱を作ったり，PC アプリを使って募集をかけたりしてもいいかもしれません。

ルールが多い，というとネガティブな印象をもつこともあるでしょう。しかし，多くの子どもたちが安心して過ごせるように，また対話を重ねて自分たちが居心地のいい学級をつくれるように，ルールを増やすことには意味があります。それが自身が学級を良くできる，関与できる，そんな自己肯定感の向上にもつながるのではないでしょうか。

学級ルールは多くする？

2 学級ルールは少なくする

のがいいのは…

学級システム

B 視点

>> 学級ルールが少ないと子どもは好き勝手に行動する？

「学級ルールが少ないと子どもが好き勝手な行動をして学級が落ち着かなくなる」と考える教師も多いのではないでしょうか。しかし，学級ルールが多くあることによって，指導で行き詰まる場面に何度も直面することがあります。

例えば「授業中に発言する時は手をあげましょう」というルールを教師が設定していた場合，呟きによる子どもの発言をどこまで認めますか？　このようなルールの線引きは非常に難しいです。

教師が設定したルールを子どもが破った場合，教師が指導します。しかし，指導の仕方を誤った場合，子どもの信頼を一気に失うことになります。「Ａさんには指導したのにＢさんには指導しなかった」など，日々，ルールを守ることへの指導に追われることになります。**ルールは子どもの学校生活をより良いものにするための「手段」であるはずが，多くのルールがあることによって，ルールを守ることが「目的」となります。**ルールを破ってはいけない，ルールを守らなくてはいけないという意識によって窮屈な学校生活へと変わっていきます。ルールが多くあることによって，安心安全な学級づくりや子どもの主体性を阻害する原因になっていくのです。

>> 学級ルールが少ない方が子どもは主体的に行動する？

学級のルールは学級の子どもがより良い学校生活を送るためにあるものです。ルールが少ないということが決して全て自由で好き勝手して良いという状態ではありません。「自分たちでより良い学級環境をつくっていく」という風土が学級にあることが望ましいですが，子どもは物事の善悪は分かっているものです。細かなルールを教師が設定しなくても，「やってはいけないこと」を分かっています。だから，**生命に関わることや教師が譲れないことに関するルールだけを最低限，設定する**のが良いのです。教師は子どもを管理し，学級を安定させようとルールによって子どもを統率しようとします。しかし，多くの細かなルールによって子どもの主体性が失われていきます。子どもを信じ，最低限守るべきルールだけにしていく方が子どもは主体的に行動していきます。

学級ルールが少ない方が，細かなことに縛られることなく，自分たちで判断し，自分たちでより良い学級をつくっていこうという「主体性」を育むことができます。

だから学級ルールは少ない方が良いのです。

学級ルールは最低限にしよう

学級システム

吉野先生のアドバイス

では，どうする？

>> 安心できる教室にするためのルールは必要

ルールがない状態の教室では，安心して過ごすことができません。ですから，学級ルールが多い方が子どもに安心感を与えるというAの主張はよく分かります。

哲学者であるトマス・ホッブズは，「万人の万人に対する闘争」という言葉を残しています。これは，「自然状態における人間は利己的で，自分の利益のために戦う」ということです。つまり，ルールがない状態では，争いが起きてしまうということを主張しているのです。**ルールがあることで，安心・安全な学級づくり**につながっていきます。

さらに，A視点にあるように，「みんなで考えてルールをつくっていく」というプロセスもすごく大切だと思います。そうすることで，自分事として学校生活を考えることにもつながっていきますし，作られたルールに対する納得感もあるでしょう。

しかしながら，学級においてルールを増やしすぎることは良いとは言えません。B視点にあるように，ルールを守ることに意識がいきすぎて，窮屈になっていくからです。

『教室マルトリートメント』（川上康則著，東洋館出版社）では，中野信子氏の「裏切り者検出モジュール」機能について書かれています（p.48）。これが働くことで，「ルールからの逸脱者は非難されてしかるべき存在」といったネガティブな意識が芽生えるそうです。ルールが多いと，それだけ逸脱する子どもも増え，それを指摘し合う学級になっていく可能性が高くなっていくのです。

›› ルールよりモラル

「ルール」と似た意味の言葉に「モラル」があります。「モラル」を辞書で調べると，「道徳」「倫理」と出てきます。学級では，「ルール」よりも「モラル」を大切にしたいと考えています。つまり，「ルール」で縛るのではなく，周りの人が喜んだり，助かったりするのはどんな行動か考えて選択できる子どもが増えるのが理想だということです。

Bの主張にあるように，ルールは「手段」です。「目的」になってはいけません。みんなが安心して学校生活を送ることが「目的」であるはずです。みんなが幸せになるために，どんな行動を選択するのがいいかを考えられるような集団に育っていくためには，ルールは少ない方がいいです。

・ルールは安心が確保できる最低限に抑えよう。

・ルールではなくモラルで行動できる学級を目指そう。

係活動・当番活動は細かく割り振る

学級システム

のがいいのは…

視点

>> 小さな役割と責任でつくる安心感

係活動・当番活動は，どちらも学級の生活をより良くするためにあります。活動を決める前に，やりたいこと・やらなければいけないことなどの明確な役割を示しておくことで，学級として共通理解を図ることができます。**つまり，最小限の時間で最大限の効果を生むために１つの活動を細かく割り振ることが必要なのです。**やり遂げることに対して不安な子も，見通しをもって取り組み，責任をもって活動することができます。また，小さな役割を継続することによって，不安が安心に変わり自信へとつながっていきます。

もし，役割を決めていなかった場合，どうなるでしょうか。「○○さんがやってくれません」「何をしたらいいですか」というすれ違いが起こってしまったり，空白の状態をつくってしまったりして，学級がより良くなることから遠ざかってしまいます。せっかくの企画がうまくいかず，悲しい思いをする子も出てきてしまいます。そうならないためにも，小さな役割をあらかじめ設定し，責任をもたせて，安心感のある学級をつくる必要があります。

具体例を見ていきましょう。

新聞係であれば，書き方の例を示しながら子どもたちに話します。学級の良さや伝えたいこと（学習クイズ・最近のニュース・心に響く言葉など）を紙やタブレットにまとめて週１回掲示することを伝えます。そして，自分がどの内容を書くのか担当者と提出日を決めて取り組ませます。給食当番であれば，白衣を着て，盛り付けをする人，配膳台を拭きワゴンから食缶を出す人，号車ごとに配膳する人というように実演をしながら当番だけでなく全体にも確認をして知らせます。

このように，小さな役割を全体に伝えることによって仲間意識が生まれ，学級をより良くすることができます。

>> 一瞬を逃さず，評価できる

活動内容を細かく割り振ることにより，教師は誰が何をしているのかを把握することができます。つまり，**一人一人の小さな取り組みに対して「〇〇してくれてありがとう。〇〇な行動が素敵です」と労いの言葉や評価ができるわけです。**一瞬の出来事を逃さず評価できることは，次への活動意欲となり向上心を育みます。また，教師が伝え続けていると，仲間同士でも感謝の言葉を伝える子が出てきます。すると，学級全体に「〇〇したい」があふれ，安心してどんな活動も臆することなく取り組むことができるようになります。

3 学級システム

係活動・当番活動は子どもの自主性に任せるのがいいのはなぜ？

B 視点

>> 「主体性」を最も育むのは日々の係活動

「学級王国」という言葉にネガティブな印象をもたれている方は多いのではないでしょうか。確かに，正しい方向に学級を導き治めることで，安定を得られるメリットはあります。しかし，落とし穴を１つ挙げるなら，「思考停止」に陥ることです。**指示されたことや決められたことをやればいいでは，主体性は育まれません。**

やはり，子どもたちが生き生きとアイデアを出し，あーだこーだしながらつくっていく学級は，誰の目から見ても魅力的に映ることと思います。そこで，担任として，このように伝えるのはどうでしょうか。

T　本日より，２週間，割り振られている係活動を廃止します。ルールは２つ。①学級のためになることを見つけて，行動する。②気が付いたら，その子に「ありがとう」を伝える。やってみますか。

ここでのポイントは，２週間という期限を設けることです。手立てが上手く機能しなかった時のセーフティネットとなります。他にも，ルール②の感謝を伝えることで，教師からだけではなく，子どもたちが相互に肯定感を高め合うことを狙いとします。また，最後に「やってみますか」と確認をすることで，あくまで決定権は子どもたちにあることは意識させたいです。

>> 同時に育みたい力は「思いやりの想像力」

主体性と同時に想像力が豊かになれば，言動は変わります。相手の立場になるには想像力は不可欠です。係活動も同様なことが言えるでしょう。

植物に水をやる→綺麗な花が咲く→皆の心が安らぐ

係活動をすることは誰かのためになることだと気付けるよう，要所で語り掛けることが担任の役割の１つかと思います。それは将来，職業選択のヒントになったり，就労のやりがいを感じるきっかけになったりするのではないでしょうか。

学級経営の手綱を子どもたちに託すのは勇気のいることです。担任は，今まで以上に目をかける必要がありますが，この取り組みをきっかけに，学級はさらに良い方向へ向かうでしょう。

3 係活動・当番活動は細かく割り振る？

学級システム

子どもと目的を共有して内容を決定しよう

稲垣先生のアドバイス

では，どうする？

>> 絶対に必要な当番活動は細かく

係活動・当番活動は学級の生活をより良くするためという目的で子どもが主体的に行うのが理想です。そして，学級の生活は子どもたちの活動によって成り立ち，子どもたちがつくります。より良くするための活動なので，学級の実態に合わせて，工夫したり改善したりします。

しかし，給食当番や掃除当番などは，勤務する学校や地域によって大きな枠組みが決まっており，子どもが考えるまでもなく活動が成立します。そうした場合，最小限の時間で最大限の効果を生むためには，事前に子どもたちに細かな割り振りをしておく方が良いです。細かな割り振りの中で，子どもたちは責任をもって当番活動に取り組みます。**誰が，何を，どのようにするかを明確にすることで子どもたちは毎日の当番活動に見通しをもって安心して取り組みます。**教師は一人一人の動きを把握し，労いや感謝の言葉を伝えることもできます。教師も子どもも安心して毎日の当番活動に取り組むことができます。

>> 学級活動をより良くするための活動は子どもと共に

子どもたちは活動をしていく中で，もっとより良い活動にするための方法を考えます。細かく割り振った当番活動においても，課題を見つけ，改善方法を考えます。そのような過程を経て，子どもたちの「主体性」が育ちます。教師に指示されたことを指示された通りに行うだけでは，主体性は育まれません。**係活動や当番活動も学級をより良くするためにあるという目的を，子どもたちと改めて共有すること**が大事です。そして，思い切って子どもに活動を委ねてみましょう。教師が細かく割り振らなくても，子どもは必要な当番について自分たちで役割を決め，行うことができます。係活動についても学級に必要な係やより良い生活のための活動は自分たちで生み出し，進めることができます。教師は子どもの活動を支え，支援するという立場でいれば良いのです。進めていく中でうまくいかないこともありますし，教師が指示した方が問題は起きないかもしれません。しかし，子どもの主体性を伸ばしていくためには，子どもに委ねていく方が良いのです。

・学級活動を効率よく進めるために当番活動は教師が細かく割り振ろう。
・子どもの主体性を育むならば，当番・係活動の目的を共有し，子どもに委ねていこう。

係の仕事は，必ず係の子に任せる

学級システム

のがいいのは…

視点

≫ 係は何のため？

先生方は，この問い直しを定期的にされているでしょうか。日々，当たり前に行われがちになりやすいことこそ，学期始めや学期末のみならず，振り返る機会を設けるようにすると良いでしょう。

さて，「小学校学習指導要領（平成29年告示）解説　特別活動編」では，「学級内の組織づくりや仕事の分担などを，教師の適切な指導の下で児童自身が見いだし，協力しながら責任をもって行う活動である。」と組織づくりについて書かれています。この中で，混同されがちな当番活動は，クラス運営の上で「なくてはならないもの」であるため，時には仲間同士で助けあって運営していくことが必要な場面があるかもしれません。

しかし，係活動は，「児童自身が見いだし」とあるように，子どもたち自身が主体的に行動できるように進めていくものです。ですから，子どもたち一人一人の動きが大切になってくるのです。時には，うまくいかない時があるかもしれませんが，そこで仲間の助けを借りてしまっては，その子が誰かを頼ったり，「あの子がやっているから…」と他責の傾向となったりするきっかけとなってしまいます。**完成度を求めるよりも，子どもたち一人一人の「やりたい！」という思いを大切にしたいものです。**

≫ その子自身の良さから展開する係活動

係活動は，必ずしも必要不可欠とは言えないものだと筆者は思っています。だからこそ，**実施していくのであれば，替えが効くものではなく，その子がいるからこその係活動を進めていきたいものです。**

具体的に，新聞係を例にとりましょう。新聞を作る時には，その子の着眼点を活かした取材，その子の発想を活かしたデザインや記事のまとめ方，発行部数など，どれを取っても他の子が手伝うと違う新聞ができてしまいます。その大切さを分かった上で，その子たちが作る新聞の良さをクラスのみんなで共有できる雰囲気にしたいものです。

そのために，仲間からアドバイスを受ける時間を取ることも必要だと思います。クラスの前で発表をする時間を取ったり，ある係の良さを話題にする時間を朝の会などに取ったりしてみてもいいでしょう。より良い係活動にしていくために，係会議の時間を設定してみてもいいかもしれません。せっかく，係活動をするのですから，その子に仕事は任せるようにしていきましょう。

係の仕事は，必ず係の子に任せる？

4 係の仕事は，係じゃない子の協力も認める

学級システム

のがいいのは…なぜ？

B 視点

≫ そもそも係活動を完璧に平等にはできない

まず，係活動は完璧ではありません。係の仕事量がちょうどいい塩梅で分けられるかというと，毎日仕事がある係もあれば週に何回かでいい係もあります。欠席者が出た時に回らないこともあります。「いやいや，そんな時のためにお手伝い係があります」と言うけれど，逆にそれは欠席者がいない時に平等性がありません。**係活動は，仕事量や平等性を完璧に運用することが難しいのです。**

C　僕も配達係さんの仕事，手伝います！
C　私も，新聞係さんと運動会リレーのコツ一緒に調べていいですか？
C　○○さんが休んでいるから，黒板掃除係を手伝います。

係の子にのみ仕事をさせるよりも，こんな心遣いや支え合いであふれる学級の方が，優しくて良い学級だと言えませんか。これらの言動を教師が価値づけし，広げることで

あたたかい学級になることは間違いありません。

>> あやふやで人情味のある社会を学校から

私の勤務校には妖精がたくさんいます。

印刷機横の溜まった古紙がいつの間にか処分されていたり，ポットのお湯や製氷機の氷が毎朝補充されていたり，空気清浄機の清掃がされていたり…。優しい妖精がいて，気持ちのいい環境なのです。同僚の誰かが少しずつ行動して気持ちのいい環境が維持されているのです。私もたまに妖精に変身しますが，それらの行動に係や担当は決まっていません。「仲間が気持ちいいかな？」と考え，それぞれが行動しているだけなのです。

「見えない家事」という言葉が数年前に流行りました。「ゴミ捨てをしている」とある人は言うけれど，実は捨てるまでに各部屋のゴミを回収し，新しい袋を用意し，玄関にゴミ袋を誰かが置いているのです。その見えない部分が想像できたら家庭は優しい世界になるかもしれません。やれタイムパフォーマンスだ，やれ分業制だ，明確に個々の役割や責任を分けて働くことが善とされる気がする昨今。**もっとあやふやで，もっと人情味があって，もっと助け合えるような社会になってもいいのではないでしょうか。**

係じゃない子の協力，認めましょう。余裕があるなら，友達を助けたいなら，行動していいのです。係活動は，もっとあやふやでいい。そのあやふやさがあたたかい社会につながる。私はそう思います。

係の仕事は，必ず係の子に任せる？

新たな発見ができる係活動にしよう

学級システム

加藤先生のアドバイス

では，どうする？

≫ 一人一人の力でみんなを笑顔に

教室には，書くことが得意な子や問題を考えることが得意な子，遊びを計画することが得意な子など，学級を盛り上げてくれる子どもたちが多くいます。一人一人の「やりたい」という思いを大切にし，実現できるのが係活動です。教師が決めたことを取り組ませるのではなく，その子自身が見いだしたことを広げることによって，新聞係の例にもあるように，生き生きと活動を進めることができます。

しかし，全員がやりたいことを見つけられるわけではありません。中には，自分の長所を見つけられなかったり，どう活かせばよいのか困っていたりする子もいます。苦手意識のある子は，１人だと心細く消極的になってしまう場合もあります。そんな時には，教師が日々過ごす中で**その子の良さを伝えたり，クラスをより良くするためにどんな係があったらみんなが笑顔になるのかを一緒に考えたりしながら，新たな発見ができるよう，互いが助け合える環境をつくります。**子どもたちの力を引き出すためにも，教師の言葉掛けが大切です。

>> 係決めをする時・発展させる時の言葉

学期始めには，「係活動は，クラスをより良くするために一人一人の『○○したい』という思いを叶えるためのものです。自分も楽しみながら，みんなも楽しめる係を考えていきます。思いついた係を発表してください。どのような取り組みなのかも伝えていきましょう」のように子どもたちに話します。その後，やりたい係を決めて具体的な内容やポスター制作などを通して，活動を気持ちよく始めていきます。

数週間後には，振り返りを行います。決めた係の進捗状況を把握しながら良かったことや改善点などを話し合わせます。全体での交流の時にはそれぞれの係の良さを伝えた後に**「係の仕事もしながら，協力して企画したり提出物を揃えたりとみんなのために行動をした人がいました。素敵な取り組みをありがとう。**あなたは，どんなことをしてみたいですか」と教師が気持ちの良い行動を紹介し発展させることで，あたたかい学級になっていくことでしょう。

POINT

・自分もみんなも楽しむ係にするため，一人一人の良さを生かす活動にする。
・振り返りの時間を設けて，係の取組だけでなくみんなのためになる行動を伝え，活動を発展させる。

提出物は教師がチェックする？

提出物は教師がチェックする

学級システム

のがいいのは…なぜ？

A 視点

>> 提出物で教師と子どもの信頼関係が築かれる

宿題や課題などの提出物は，子どもと教師の間の約束と捉えることができます。多くの子どもは，提出物に対する期待やプレッシャーを感じながらも，それに応えるために日々努力しています。子どもがその提出物のために時間を費やし，真摯に取り組む背景には，彼らの強い意志や努力，そして成長への期待が隠されています。そのため，その成果を教師として**直接手渡しで受け取ることは，子どもの努力を高く評価する１つの方法**と言えます。

提出物を受け取る際の教師の態度や対応は，子どもの学びや自己評価に大きな影響を与えます。教師が直接手を取り，一言添えることは，その努力を認め，子どもの自尊心を育む大切な行為となります。例えば，「頑張ったね」や「困ったことはなかったかな」といった言葉は，子どもにとって大きな励みとなるでしょう。このようなコミュニケーションから教師と子どもの間に築かれる信頼関係は，学習の成果や学校生活の質を高める上で不可欠です。

>> 未提出の子どもへの配慮

当然，全ての子どもが提出物を完璧に仕上げるわけではありません。習い事の多忙，家庭の状況，あるいは学業上の困難さなど，様々な背景が考えられます。**怠惰というラベルを簡単に貼ってしまうのは，その子どもの背後にある複雑な事情を見落とすリスク**があります。未提出や遅れた提出がある際，教師としてはその理由や背景をしっかりと理解し，適切なフォローを心がけることが重要です。それは，子ども一人一人の学びや成長を真摯にサポートする姿勢を示すものです。

また，宿題や課題の内容自体に問題がないか，定期的に見直しを行うことも大切です。適切な量や難易度であるか，子どもの理解度や興味を引きつけるものであるかを確認することで，提出物の質や提出率の向上が期待できます。

提出物の管理やチェックを子ども同士で行う「チェック係」のような方法も教育現場で取り入れられていますが，これが学級内の関係性にどのような影響をもたらすかを注意深く観察する必要があります。特定の子どもだけが常にこの役割を担ってしまうと，クラス内の力関係や学級カーストを生み出す原因となり得ます。

しかし，健全なコミュニケーションが学級内で育まれていれば，互いに声を掛け合い，支援し合う文化も芽生えることでしょう。ただし，学級の実態を的確に捉えるまでは，教師が提出物をチェックした方が良いでしょう。

提出物は教師がチェックする？

提出物は子どもにチェックしてもらう

学級システム

のがいいのは…

B 視点

>> 自ら取り組む環境を整える

提出物のチェックにどれほどの時間をかけているでしょうか。多くの学校では，音読・漢字・計算・自主学習などが出されていると思います。仮にかかる時間を，音読10秒・漢字30秒・計算30秒・自主学習50秒だとします。40人学級の場合では，１時間20分かかることになります。朝の短い時間の中でこれだけの時間を生み出すのは至難の業と言えるでしょう。無理につくろうとすれば，いずれ学級が機能しなくなります。そうならないために**チェックを班や号車，色分けなどをして，朝の会の流れの１つとして「提出物チェック」という自ら取り組む時間をつくり環境を整えること**が大切です。以下は班で行う場合の例です。

提出物チェックの流れ

・提出物を出して，１つずつ確認する。
・答え合わせのある問題は１問ずつ確認する。
・自主学習がある場合は，内容を伝える。
・それぞれの提出物に対して，コメント。

・コメントに対して，振り返りをする。

このように，子どもたちでチェックをすることによって「明日は解き方も書いてみよう」「次は見やすく美しく書こう」「○○さんのテーマを私も挑戦したい」と仲間の提出物から学び，自ら目標をもって取り組むようになります。もちろん，中には自分だけでは取り組むことが難しい子もいるでしょう。その場合は，朝の時間を使って個別に声を掛けていきます。子どもにチェックをさせることによって，本当に支援を必要としている子のために限られた時間を使うことができます。

≫ 友達の言葉が成長の第一歩

例えば，字を雑に書いた子がいたとします。「丁寧に書きなさい」と教師に何度言っても書きません。しかし「○○さんなら書けるよ。だって，習字とってもきれいだもん」と友達から言われた次の日は，きれいに書いてきたというやりとりを私は目にしたことがあります。これは，提出物に対して「言われたからやる」という思いから「言われたからやりたい」に変化しているからです。**教師よりも友達の言葉の方が心に響く**ということも言えます。子どもに任せることは，その子自身の学びを振り返るチャンスであり，周りの子とのつながりが生まれ，成長の第一歩を踏み出すことができる機会です。

提出物をコミュニケーションの機会にしよう

学級システム

萩原先生のアドバイス

では，どうする？

>> 子どもの見取りと提出物

Ａ・Ｂどちらの意見も，「子どもの成長のため」「チェック漏れをなくすため」という２つの点で共通していると感じました。この共通項をもとに，学級経営における提出物の役割を整理していきたいと思います。

まずは，「子どもの成長のため」です。子ども同士でチェックする場合には，子ども同士のコミュニケーションやトライ＆エラーが発生するため，学び合うきっかけが生まれます。ですから，この視点をもって全体に共有し，話し合う機会をもつことで単なる係の仕事や提出するという出来事で終わらず，学級全体において大きな学びになると思います。一方で，教師が提出物をその場で評価をし，手渡しをすることで，教師と子どもの信頼関係に大きく影響してくるでしょう。従って，**子ども同士のチェックを踏まえて，教師が確認をし，返却する**というのはいかがでしょうか。学び合う様子も教師がチェックでき，個だけではなく，集団の見取りも同時に行うことができます。

次に，「チェック漏れ」をなくすという視点でも大切です。子ども同士でチェックする場合にも，その責任は教師が取る必要があると私は思います。もちろん，子どもたちの目を育てることは大切ですが，管理は教師の役割です。子どもに任せることは大切ですが，最終チェックは教師が行うのが良いのではないでしょうか。

›› 働き方改革と提出物

確かに，全ての提出物を教師だけでチェックをし，返却することは多くの時間を要しますし，授業準備を中心とした業務や子どもの見取りの時間に支障をきたさないように，子どもが提出物をチェックする環境をつくり上げていく価値は多いにあると思います。

ただ，働き方改革は，教師が提出物のチェックの仕方を工夫することでも改善はできるでしょう。「コメント」「評価」は視点を絞る。課題をはっきりさせて一点をチェックすることで，時間短縮だけではなく，より視点をはっきりさせて子どもを見取ることもできるため，一石二鳥です。教師の力量形成にも役に立つ機会にすることができます。

・提出物を子ども同士，教師と子どものコミュニケーションの機会にしよう。
・提出物にかける時間を決め，短縮した時間を子どもの見取りに使おう。

席替えはくじで決める

学級システム

のがいいのは…

視点

≫ 席替えの目的は？

「席替えの目的って，なんでしょう？」

子どもに尋ねたことが何度もあります。特に，その年度の最初の席替えでは必ずと言っていいほど聞いています。

学年を問わず，決まって返ってくる答えはこれです。

「色んな人と仲良くするため」

子どもたちから返ってくるように，「色んな人と仲良くするため」に席替えはあるのです。ですから，くじで決める席替えはその目的に向かう手段としては偶然性という意味でピッタリなのです。

教師が決める席替えはどうしてもこちらの思惑が入りやすくなります。例えば，「行動や作業がゆっくりな子の横には，しっかり者の子を座らせてサポートしてもらおう」とか「少し言動が乱暴な子の横には，それに耐えられる子を座らせる」などです。

他にも，教室の前方に座らせてこまめに声掛けしたい子がいるかもしれません。けれども，そういう見方で座席を決めていくと，どうしても固定化していきがちです。

>> 誰と隣になっても大丈夫な学級づくりを

固定化しないように考えることで，勤務時間を必要以上に使うことにつながります。確かに，子どもの学習環境の１つである座席を熟考することも大切な業務なのかもしれませんが，私はそうは思いません。むしろ，どんな座席配置になろうが子どもが助け合い，高め合う集団にしていくことこそが我々の務めであると考えています。

とはいえ，それは一朝一夕にできることでもありません。そこで，くじで席替えをする前の語りを紹介します。

T　○○さんが言ったように，色んな人と仲良くするため，今まで話したことない人と話すため，このために席替えをするんだよね。

T　ということは，仲良い友達と離れてしまったり，あまりしゃべったことのない人と隣になったりしても，大丈夫だよね？

すると，子どもたちはそうだそうだと言わんばかりに頷きます（席替えがしたいので)。ここでもう一歩，

T　誰と隣になっても大丈夫！という人は手を挙げてください。

…と，席替え後の不平不満に対する予防線を張っておきます。その上で席替えをするのです。

席替えはくじで決める?

席替えは教師が決める

学級システム

のがいいのは…

B 視点

>> トラブルの予防と教育的視点

教室の中での人間関係は，学びの環境を大きく左右します。友情や仲良しグループが自然に形成されることは素晴らしいことですが，それが学習の妨げやトラブルの原因となる場合もあります。このような事態を予防し，または積極的に改善するためには，教師が意図的に席を配置することが効果的です。

席替えによって，悩みをもつ子ども同士が離れることで，争いの原因を取り除くことができます。また，**新しい席の隣人とのコミュニケーションを促進することで，人間関係のスキルを高めることも期待**できます。ただし，安易な席替えはトラブルの原因となりかねません。したがって，様々な場面を想定した教師の適切な判断と配慮が必要です。

席替えをした際には，「新しい席での隣人とのコミュニケーションを大切にしよう。それが新しい友情の始まりかもしれませんね」という前向きな言葉掛けも忘れずに伝えたいものです。

≫ 教育的な環境づくりとリーダーシップの育成

教師が席を決定することで，グループ活動を円滑に進めるためのバランスの取れた席の配置も期待できます。例えば，活動的な子どもと静かな子どもを組み合わせることで，お互いの長所を引き出し合うことができるでしょう。

また，席替えは，一部の子どもにリーダーシップの役割をもたせる絶好の機会ともなります。特定の席に座ることで，その子どもに小グループの「ミニリーダー」として活動を牽引する役割を担わせることができます。これにより，リーダーシップを育成すると同時に，他の子どももそのリーダーシップを尊重し，一緒に活動することを学ぶでしょう。子どもの中には「自分なんてリーダーになれない」と卑屈になっている子がいます。そこで，**リーダー経験の少ない子どものグループを作れば，新たなリーダーが生まれますし，逆に普段からリーダー役の子どもが集まれば，サポート役を経験させることができます。**様々な役割を意図的に経験させましょう。

「席替えは教師が決める」という考えは，単に席の配置を変えるだけでなく，教育的な視点からの人間関係の形成やリーダーシップの育成など，多岐にわたる効果を期待するものです。これにより，クラス全体の学習環境やコミュニケーションの質を向上させることが期待できるでしょう。

席替えはくじで決める？

席替えは９割くじで決めよう

学級システム

宇都宮先生のアドバイス

では，どうする？

≫ 席替えの頻度と目的をコントロールしよう

Ａ視点であったように，「誰と隣になっても大丈夫な学級づくり」を目指していきたいものです。**しかし，席替えが月に１回なら長すぎるのです。**関係性が良い席の場合は離れがたく，悪い場合だと長く感じるでしょう。

僕の場合は，基本的に２週に１回，くじで席替えをしています。それくらいのサイクルならば，「まあ，２週間だし…」と班活動やペア学習も活性化されると考えます。また，その席になった目的をつくるのです。

- 社会人物調べプレゼンのペア学習
- 国語の詩を群読するグループ学習
- お楽しみ会で５分の出し物をする協力班

「このミッションを達成できたら解散だね」

席替えで毎回大親友になる必要はないですが，誰とでも共に協力する経験をする。その中で良い関係性が，良い学びが，生まれてくるかもしれません。

>> ９割くじびきをしよう

僕は，席替えを一部操作します。関係性が悪い２人，支援が必要な子，心が弱っている子…その約１割に，配慮する必要はあると考えています。B視点の「トラブルの予防」ですね。**配慮をしないことで，他の大多数の子たちの学習権を侵害してしまう可能性がある**からです。

- あみだくじを引かせる。（実は左から番号順なだけ）
- 今回，配慮が必要な子の番号を覚えておく。
- 配慮が必要な子は操作し，黒板に番号を書く（「○さんと△さんは１班にしよう」など）。
- あとの子はランダムに番号をふる。

これが９割くじびきの方法です。ただ，学級が成熟していくと操作の必要がなくなってくるので，２学期頃からは完全ランダムになることも多いです。子どもたちは席替えが大好き。教師も，その席替えに自身の哲学をもつ必要があるかもしれませんね。

- 席替えの頻度や目的をコントロールし，学級の関係性を高めていこう。
- １割の子に配慮しながら，基本的にはくじで席替えを行おう。

教室前面に派手な掲示はない方がいい

環境づくり

のがいいのは…

A 視点

>> 教室掲示が多いと子どもは落ち着かない？

「教室の全面にはなるべく派手な掲示をしないように」と職員会議などで提案されることが今では多くなってきました。特に，派手な色を使用した掲示物は子どもが落ち着かなくなると言われます。多くの学校では，教室の前面に黒板があり，子どもの机は黒板の方を向くように配置されています。黒板を使う授業では，子どもは授業中何度も黒板を見ることになるので，その黒板の周りに掲示物が貼ってあると，そちらに気を取られてしまう可能性があります。

アメリカの心理学者アルバート・メラビアンの提唱したメラビアンの法則によれば，人と人がコミュニケーションを取る時には，「言語情報７％」「聴覚情報38％」「視覚情報55％」という割合で影響を与えていると結果が出ています。また，人間の五感による知覚割合のうち，視覚は８割を超えるとも言われます。私たちは，常に視覚による情報の影響を受けていると言えます。**黒板に重要なことを書くからこそ，他のことに気を取られるような刺激になる掲示は前面にしない方が良い**のです。

教室前面に派手な掲示があってもいい？

≫ 掲示は何のためにあるのか？

前面掲示を全てなくすことはできません。命を守るための避難経路は誰もが見える前面に貼る必要がありますし，学級目標や教育課程などは見やすい場所に貼る必要があります。このような観点から言うと，必要な掲示に関しては，誰もが見える前面の位置に落ち着いた配色で貼る方が良いでしょう。

しかし，それらの掲示は毎日使うわけではありません。側面や後方など，前面以外にも貼る場所はあります。大切なことは，掲示を日常の指導の中で使うことです。ただ貼ってあるだけの掲示は，どこに貼っても変わりません。掲示は教師にとっても子どもにとっても必要だから，教室の中に位置付けるものです。

子どもによる工夫を凝らした手作りの学級目標を黒板の上に掲示することがあります。前でも後ろでも効果は変わりません。前面になくても，学級目標を意識して行動することはできます。必要な時に黒板に貼れるようにしておけば良いのです。教室を彩るための貼って終わる掲示は必要ありません。**なぜその掲示がそこにあるのか，教師と子どもにとって意味のある掲示をすることが大切**です。

教室前面には，必要な情報だけを掲示し，使わない掲示は貼りません。子どもの視覚における影響から考えても，前に掲示する必要はありません。

だから，教室前面の掲示は少ない方が良いのです。

教室前面に派手な掲示があってもいい

環境づくり

のがいいのは…

B 視点

>> 掲示物の効果

教室については収納の問題が必ず出てくるように，物があふれている状況になることが多いと思います。そのため，掲示物はなるべく少なく，シンプルになるように意識している教師も多いでしょう。しかし，子どもの成長を考えるうえで，掲示物の効果は大きいものです。

まずは，クラスの子どもたちだけではなく，教師や外部の方も含め，**見て瞬時に確かめることができる**ということです。「目標」などは，いつも確かめることができるように，掲示しておくことの価値があるでしょう。

次に，**共有できる**ことです。子どもたちの作品などを掲示しておくことで，自分の作ったものばかりではなく，仲間の作品を見て，多くの気付きが生まれます。友達の意外な良さを見つけられたり，自分の作品と比較をして，共通点を探したり，その人ならではのオリジナリティを発見できたりと，思考の深まりを後押しできます。

最後に，**時間を越えて思考することができます。**１学期に掲示したものを３学期に見ることで，その成長を感じることができたり,「あの時は…」というような振り返りをしたりするきっかけになります。

この3つの視点で考えると,派手な掲示物を前面に置くことで,焦点化したり,比較したりといった思考の誘導を後押しすることができます。

>> 掲示物のメリット

一方,よく挙げられる前面掲示のデメリットとして,「その掲示に目移りしてしまい,集中して授業に取り組めない」などの,いわゆるユニバーサルデザインの視点があります。ここでは,そのデメリットを逆手に取るような形で,掲示物の生かし方について考えてみましょう。

「学級の子どもたちがどのような状態になってほしいか」というねらいに沿った形で,派手な掲示物を考えてみてはいかがでしょうか。例えば,望ましい言葉が飛び交うクラスをつくること,クラスに横糸を張ることを意識しているのであれば,クラスで大切にしたい言葉や誕生日を迎えた仲間の名前,その日に共有したいねらいなどを,派手に掲示をしておくと良いと思います。仮に,その掲示物に視点が焦点化され,授業内容とは関係のない思考になってしまったとしても,教師が価値づけたいあたたかい言葉や友達を思う考えに向かうのではないでしょうか。**目移りしてしまうのであれば,思いっきり目移りするようなものを派手に掲示する**のです。このような発想で考えていくことで,派手な掲示物は有効に働くでしょう。

7

教室前面に派手な掲示はない方がいい？

刺激は変化から生まれる，それを活用しよう

環境づくり

八神先生のアドバイス

では，どうする？

>> 刺激の正体は「変化」

教室前面の掲示物（刺激）は少ない方がいいというアプローチは，子どもを授業に集中させることを目的としています。メラビアンの法則が示すように，我々のコミュニケーションは視覚情報に大きく依存しています。このことから，教室内の視覚的要素は子どもの注意や学習効果に大きく影響を与えることが分かります。この法則を念頭に置きながら教室環境づくりに努めていきたいものです。

ここで，長期間に渡って同じ掲示物が同じ場所に掲示してある場合，子どもの脳はどのように感じ取っているのでしょう。実は，これは脳の中で「風景」として認識されてしまい，刺激としては弱いものになります。逆に，掲示物を貼り替える，つまり**「変化」をつけるというのは脳にとって刺激的なものとなります。**掲示の位置を変えるというだけでも，模様替えのような「新鮮さ」が生まれます。この「変化」と「新鮮さ」を生かし，授業における学習単元限定の掲示物を前面に掲示するなどして，程よい刺激を生み出すことは有効な手立てです。

>> 刺激の押し引きを見定める

学級経営における１年間は長距離マラソンといわれるように，時間的にとても長く，その中で多くのドラマや喜怒哀楽に出合うことでしょう。子どもにとって，教室で起こる出来事はどれもかけがえのない思い出です。教室内の安定を求めるばかりに，日々を淡々と過ごせば，刺激のない日々の繰り返しとなってしまいます。

私は，学級の様子を見ながら**「ここは刺激が必要だな」「今は刺激を抑えよう」などの流れを見定め，教室前面の掲示物をコントロールします。**たとえば，４月当初は学級目標を前面黒板近くに配置するようにしたり，今，学級に必要だと思われる週目標などを立てた際には目の付くところに掲示したりします。ただし，いつまでも掲示すれば風景と化します。そこで，「皆さんの心に留まりましたか。そろそろ外し（移動させ）てもいいかな」と子どもに聞きながら教室環境をつくっていくのもよいでしょう。

また，子どもは大人よりも感性豊かで，目にしたものから心に影響を受けます。なので，掲示物は，できるだけ丁寧な物を用意することを心がけています。

- 「変化」が「刺激」となる。
- 刺激をコントロールし，一年間の学級経営を走り切ろう。

教師の机は教室の「前」に設置する

環境づくり

のがいいのは…

視点

>> 子どもの表情と心のウィンドウ

教師の役割は知識の伝達だけではありません。子どもの心の状態やその日の感情を読み取ることも，非常に大切なタスクです。そのため，教師の机をクラスの前に設置することで，全ての子どもの顔色や表情を確認することが容易になります。この視線の確保は，特に大きなクラスで重要です。

「目は口ほどに物を言う」ということわざが示すように，**子どもの目や表情から多くの情報を得ることができます。**苦手な内容に取り組んでいる時や，理解ができた瞬間の輝き，不安や疑問をもっている時の迷った眼差し…これらは言葉にならない感情や考えを教師が受け取る貴重な手がかりとなります。

「○○くん，少し考え込んでるね。分からないところがあったら，どんどん質問してね」とにこやかに話しかければ，子どもの心もほぐれるのではないでしょうか。

逆に，教師も子どもに見られていると捉えることもできます。優しさにあふれ，安心感のある教師が視界に入るだけで，自然とクラスへの居心地の良さが生まれます。この関係性を利活用したいものです。

>> 教師の存在感と子どもへのインパクト

教師の机を前に置くことで，教師の存在感も強まります。教師の動きや表情，所作などが子ども全員に伝わりやすくなることで，教育的効果も高まります。また，指示や説明をする際の視線の方向や，示唆に富む小さな動作も子どもにしっかりと伝わるでしょう。

さらに，教師の机が前にあることで，**教師が指導の主体であるという意識が子どもに強く植え付けられます。**この配置は，伝統的な日本の教育現場での姿勢としても，効果的と言えるでしょう。

さらに，教師の机が前に設置されていると，配付物や教材へのアクセスが容易になります。一斉に物を配る際や掲示物を使って説明する際にもスムーズに進行できるでしょう。このような小さな流れのスムーズさが，授業の質を向上させる要因となることは確かです。

教師の机を前に設置することは，単なる配置の問題ではなく，教育環境を整備し，子どもとのコミュニケーションを活性化させるための重要な手段です。この配置によって，教師と子どもの距離が縮まり，より効果的な教育が期待できるでしょう。

教師の机は教室の「前」に設置する？

教師の机は教室の「後ろ」に設置する

環境づくり

のがいいのは…

B
視点

>> 子どもたちの自然な姿は後ろから

教師の机が後方にあることの利点は，「子どもの自然に近い姿」を見られることです。

「先生に言いつけるよ」「席替えしたら後ろの方が先生に見えにくくていい」…誰もが，そのような子どもたちの言葉を一度は聞いたことがあるでしょう。

教師は学級内にいる唯一の大人であり，その一挙手一投足が子どもに影響を与えます。教師が授業をするのも前，給食を食べるのも前，休み時間も前となると，子どもにとって常にプレッシャーを与えられているように感じてしまいます。だからこそ，**後方に教師の机があることで緊張感が薄まった子ども本来のやり取りを見守ることができるのです。**

また，今は１人１台端末を使用する時代です。子どもにはある程度自由に，そう…よく言われるように端末を文房具のように使用してほしいのですが，やはり学習に関係のない使用はしてほしくない。トラブルだって減らしたい。教師が教室後方から腕を組んで子どもの端末使用を見張っ

ていると

（先生は，僕たちを信用してくれていない…）

と感じてしまうことでしょう。教室後方に机があることで，教師が自席に座ることは自然なこととなり，子どもの端末使用も見守ることが可能となります。

>> 校舎内イチ危険な場所を改善

独立行政法人日本スポーツ振興センターが出している『学校の管理下の災害【令和５年度】』によると，小学生の休憩時間中のけがで最も多い場所は教室の23441件です。そして，階段10753件，廊下10041件…と続いていくのですが，休み時間において，教室のけがは階段と廊下を合わせたよりも多いということが分かります。**休み時間の教室は，校舎内で最も危険な場所だったのです。**

よくよく考えてみると，誰しもが教室で走ったり暴れたりしているシーンを見たことがあります。

けがの数から見ると，「廊下を走るな。暴れるな」という言葉は，本来は「教室で走るな。暴れるな」と言うべきなのかもしれません。

そこで教師の机が教室後方にあると，後ろのスペースは確実に減ります。授業前後の休み時間に，前方の目立つ場所で暴れるかというとその可能性は低いでしょう。つまり，後方に机があるだけで安全管理の面においても効果が期待できるのです。

目指す教室に合わせて配置しよう

環境づくり

吉野先生のアドバイス

では，どうする？

≫ 後ろにあることのメリット

「教室の前面掲示はシンプルに」「必要なもの以外貼らない」というような教室環境の工夫は，多くの先生がご存知だと思います。「教室のユニバーサルデザイン」というような言葉で，様々な自治体の教育センターや教育事務所からも発信されているようです。**教師の机も子どもにとっては「刺激」**になります。その視点で考えると，教室の後方に設置するというのも１つの選択肢です。

また，従来の一斉指導と呼ばれるような，教師が子どもに伝えていくという形の授業スタイルからの転換が求められています。そういった意味では，教室の後方から子どもの姿を見取り，共に学びを進めていくという姿勢も必要になってくるでしょう。

ですから，教師の存在感をなるべく減らし，子ども主体の教室づくりを目指す時に，教師の机を後方に設置するのは１つの方法だと思います。Ｂの主張にあるように，子どもの自然な姿を見ることができるというメリットがあるというのも分かります。

>> 意図があるならば，どこに配置してもいい

「アドバイス」ですから，私なりの結論を述べます。教師の机は**前でもいいし，後ろでもいい。何なら，教室から撤去してもいい**と考えています。そこに，教師の意図や目的があれば，どこに配置してもいいというのが私の考えです。その上で，私はどうしているかを書きます。

私は，教室の前方に配置することが多いです。Aの主張にあるように，子どもの様子や表情を見ることができるからです。話は逸れますが，他の学級の授業を参観する時も斜め前から観ることが多いです。同様の理由です。やはり，前方から見る方が子どもの様子や表情が分かりやすいと感じます。ですから，基本的な私の居場所としては，教室前方が良いと考えています。それに伴い，教師の机も前方に配置しています。

また，Aの主張にもあるように，配布物や教材へのアクセス（動線）という意味でも，現在は教室前方に配置した方が良いと考えています。

今後も，授業スタイルや目指す学級の姿などを時代に合わせてアップデートし，机を含めた教室配置について考え，試行錯誤していきたいと思っています。

・教師の机はどこに配置してもいい。
・目的や意図をはっきりさせて配置しよう。

「ごめんね」「いいよ」の指導はする

生活指導

のがいいのは…

A 視点

≫ 謝る練習が子どもの人生を豊かにする

「ごめんね」「いいよ」…そんなお決まりの謝罪・仲直りがあります。そんな言わされるものでなく，自分の言葉で自然に出てくる謝罪が好ましい…。もちろん分かります。**しかし，謝罪もゆるすことも，練習が必要なのです。**

- 危険な運転をしてしまった後に合図を送る。
- 街中でぶつかった時に一言伝える。
- 時間に間に合っても，相手が待ち合わせにすでにいたら一言伝える。

「ありがとうね」「ごめんやで」「ええんやで」そんな小さな感謝や謝罪のやり取りが人の心をあたたかくします。謝ることができない，ゆるすことができないと，まわりから人が離れていきます。

「ごめんね」の中には，叩いてしまってごめん。悪口を言ってしまってごめん。といった明確な他害の謝罪もあれば，意図していなかったけれどあなたを傷つけてしまってごめん。嫌な気持ちにさせてしまってごめん。といったものもあります。そんなつもりはなかったけれど，結果的に私にも悪いところがあった。ゆるしてほしい，と伝えられる人は強いです。受け手の問題かもしれないけれど，自責の念をもち，謝罪する。そこから先は相手の問題なのです。自身がコントロールできることはこれ以上ないのです。自分や相手のために，できることを考えて謝る練習。幼少期から，そんな練習をすることで，自分から離れていく人は少なくなります。謝る練習が子どもたちの人生を豊かにするのではないかと信じています。

» ゆるす練習が子どもの人生を幸せにする

一生ゆるさない！　今日のことは忘れない！

子どもたちは，時に強い言葉を使います。ですが悲しいことに，そのような言葉を使い，ゆるせない状態が長く続けば続くほど，怒りや悲しみといったネガティブな感情が自身を包みます。楽しい時間であったはずが，**「一生ゆるさない！」本人は怒りの時間となっているのです。**これでは，もったいない。

そもそも，ゆるすとは「許す」「赦す」と書きますが，「聴す」とも書くのです。相手の謝罪を受け入れしっかり聴く。「ごめんね」「いいよ」…本当にいい時ばかりではないでしょう。しかし，まず相手の謝罪を受け入れようと聴き，ゆるそうとする。それが結果的に，自身とその相手の生き方をより良いものへと変えていけるのです。

9

「ごめんね」は子どもから自然に言わせる

生活指導

のがいいのは…なぜ？

B

視点

>> いけないことは理解している

謝るとは，自分がいけないことを認めて相手に許してもらうためにするものです。けんかやトラブルは，互いが納得できていなければ解決にはなりません。頭ごなしに謝りなさいと言われて，納得しているのは教師だけではないでしょうか。子どもは「先生に言わされた。〇〇さんの方が悪いのに…」と友達同士の関係が，今まで以上に悪化してしまう時もあります。うまく収まったとしても，表面上の謝罪であれば同じようなトラブルが起きる可能性もあります。そもそも，多くの子は**教師に呼ばれた時点でいけないことは理解しています。しかし，何をどう伝えてよいか言葉が思い浮かばない**のです。

>> 自分で考える機会をつくる

改善するためには，その子の本音を引き出していくことが必要です。教師の役割は，**子ども自身が過去を見つめ直し，これからの行動を決められるように，言葉を受け止めてつなげていくこと**です。「生徒指導提要」（文部科学省，

2022年12月）では，以下のように書かれています。

> 聴き取りの際，「なぜ」「どうして」という圧力をかける言葉は避け，「どういうことで」に言い換えるようにします（例：「どうしてそこに行ったの？」ではなく，「どういうことがあって，そこに行くことになったの？」など）。(p.262)

このことからも分かるように，行動ではなく出来事に焦点をあてることによって，子どもも「実は…」と本音で話しやすくなります。途中で「うんうん。そっかあ。大変だったね」と相槌を入れながら共感したり「〇〇だと思ったんだね」と言葉をそのまま返したりして，怒りや否定的な言葉が落ち着くのを待ったりします。また「どのように話したかったのかな？」「本当は何を伝えたかったの？」と子どもに寄り添いながら，自分で考える機会を設けます。すると，相手に対して許してほしかったり，謝りたくなったりと伝えたい気持ちが自然と芽生えてきます。

時間はかかりますが，その子にとっての大きな成長の機会と捉えて，あたたかく見守っていくことが大切です。一度，本心で話せることを経験した子は次から正直に話すことができます。それは，自分のいけなかったことを自ら伝えたり，相手に受け入れてもらえたりすることを通して，より良い生活を手に入れているからです。

「ごめんね」「いいよ」の指導はする?

子どもに寄り添い，一緒に考えることを大切にしよう

生活指導

稲垣先生のアドバイス

では，どうする?

>> 謝罪や感謝は意図的に教える

「ごめんね，ありがとう」という言葉を言われて，嫌な気持ちになる人はいません。素直に謝罪や感謝ができる人は，大人であっても子どもであっても信頼されます。

友人を傷つけてしまった時に，自分にできることは「ごめんね，次は気をつけるね」と伝えることです。許すか許さないかを決めるのは相手です。自分ができることは謝罪の気持ちを伝えること。また，感謝の気持ちも同じです。「やってもらって当たり前」ではなく，相手の行為に対して自分ができることは感謝の気持ちを伝えることだけです。こうした気持ちが言葉として自然と表出することが望ましいでしょう。

しかし，はじめからできる人は多くありません。経験を通して学んでいくものです。どんな時に相手は悲しい気持ちになるのか，嬉しい気持ちになるのか，その時々で，教えていくことも大事です。そうした経験の積み重ねによって，相手を思いやる気持ちや言葉を覚えていくのです。

≫ 子どもが自分の力で解決できるように

子どもたちはいけないことは理解し，嬉しいことに感謝の気持ちをもっているものです。しかし，言葉が出てこなかったり，上手に伝えることができなかったりします。

そうした時，教師が**考える時間をつくる**ことが大切です。問題が起きた時，教師が謝りなさいと言うことは簡単ですが，それでは子どもが自分で問題を解決したり，相手に自分の気持ちを言葉で伝えたりする力は育ちません。教師は子どもに寄り添い，話を聞き，共感しながら，子どもが内省できるようにします。その過程で子どもが自然と相手に対する謝罪や感謝の気持ちを自然に抱きます。時間はかかるかもしれませんが，子どもたちがより良い人間関係を築いていけるようにするために必要な時間です。時には教えることもありますが，教師は子どもの成長を願い，子どもが素直な気持ちをもてるように支えていこうとする姿勢が大切なのです。

POINT

- 感謝や謝罪の経験を経て，子どもは育ちます。その都度，教えよう。
- 教師は子どもに寄り添い，素直な気持ちがもてるように時間をかけて支えよう。

教師が大声を出す指導は良くない

生活指導

のは…

視点

>> 大声を出すことは「不適切な指導」である

教師が大声を出して指導することは，「不適切な指導」，「体罰」と言われてしまうことにつながります。そういった面から，大声を出す指導はそもそも良くないことは明確でしょう。

しかし，**本人や周囲の子どもの命の危険につながる場合は別**です。例えば，校外学習で並んで歩道を歩いている時に，不意に車道に飛び出したり，友達を車道に押したりした場合は，大きな声で制する必要はあると思います。

ここでの主張は，そういった命の危険につながる場合を除いた場面についての，大声の指導は良くないということを述べます。

>> 大声での指導の副作用

大声での指導は，「罰や脅し」，「威圧的な指導」と言うことができます。

罰や脅しの指導を多用する副作用について，奥田健次氏は，著書＊の中で以下の６点を挙げています。

⑴行動自体を減らしてしまう。
⑵何も新しいことを教えたことにならない。
⑶一時的に効果があるが持続しない。
⑷弱化を使う側は罰的な関わりがエスカレートしがちになる。
⑸弱化を受けた側にネガティブな情緒反応を引き起こす。
⑹力関係次第で他人に同じことをしてしまう可能性を高める。

「弱化」とは,「世間一般で「罰」や「ムチ」と呼ばれること」であると奥田氏は述べています。

大声での指導は,一時的に子どもの好ましくない行動を減らすことはできます。けれども,それを続けていくことは,子どもの積極性を奪い,大声での指導がなければ行動できない子どもを育成することにつながっていきます。更には,子どもの自尊感情を傷つけるなど情緒面でのマイナスの影響も与えてしまい,他人を大声でコントロールするようになっていく可能性があるのです。このように,大声での指導は大きなデメリットがあります。

ですから,その瞬間に制止しなければ命の危険につながるような緊急を要する場合を除き,大声での指導はするべきではありません。

＊奥田健次『メリットの法則　行動分析学・実践編』集英社新書,2012年

10 教師が大声を出す指導は良くない？

教師が大声を出す指導は必要なのは…なぜ？

生活指導

B 視点

>> 危機対応と瞬時の指示

命の危険が潜む状況において，時として大声は必要不可欠です。小さな声では伝わらない緊急の事態や指示は，大きな声で確実に生徒に届ける必要があります。例えば，「危ない！　道路に飛び出さない！」などの交通安全教室で道路上の危険を避けるための叱責や，運動会での事故を未然に防ぐための警告など，**子どもの安全を守るための大声は正当化されます。この場合は「大声は命を救う鐘」と言えるでしょう。**

また，教師の指導の中で，大声を上げることは「演技」の一環として位置づけることもできます。心から怒っているわけではなく，生徒に強く印象付けるため，あるいは集団の中での注意喚起のために，意図的に大声を使用する場面が考えられます。こういった「演技」としての大声は，教育の効果を高めるための１つの手法として考えることもできます。

たとえ話として，演劇の舞台で，役者があえて大きな声でセリフを言うことを考えてみましょう。それは，観客全員にしっかりと内容を伝えるため，また，その場面の感情や緊張感を高めるための技法です。「これは大切なことだから，しっかりと聞いてほしい！」のような声掛けも，これと同じ理由であえて使用されることがあるのです。

≫ リーダーとしての存在感と信頼感

教師が適切なタイミングで大声を上げることで，子どもの中に「頼りになるリーダー」としての存在感や信頼感を築くことができます。大声が全ての状況で適切であるわけではありませんが，**その場の状況や子どもの心理に応じて，適切に大声を使用することで，クラス全体の統制やモチベーションを高めることができる**でしょう。

運動会の練習が長引き，若干のざわつきや集中力が低下している状況下において，「みんな，集中！　これからの５分間は，全員で力を合わせて取り組もう！」という声掛けに，もうひと踏ん張り頑張ろうと士気が上がることでしょう。

大声は，教師の教育手法の一部として，適切に使われることで，多くの効果をもたらすことができます。しかし，その使用は状況や子どもの心理をよく読み取り，適切に行うことが必要です。大声の背後には，子どもへの深い愛情や関心があり，それが教育の成果につながるのです。

児童生徒にとって，最善を考えて指導しよう

生活指導

加藤先生のアドバイス

では，どうする？

›› 目的を大切にした声掛けをする

教師が指導をする時は，必ず理由があり目的があります。道路上の危険や暴力行為，事故や災害などの緊急事態の場合には，大声を出してでも止めるべきであり，子どもたちの命と安全を守ることが何よりも大切です。ただ，それ以外の場面で大声を使用すると，子どもの自尊感情を傷つけてしまったり消極的になったりと，学校生活に不安や恐怖を抱く子どもも出てきます。学級で過ごす時には，安全・安心が何よりも大切です。そのため，大声が必ずしも適切とは言えません。

指導の目的は，**子どもの可能性を伸ばし成長する過程を支えるために行う活動**です。そのためには，行動の裏側にある子どもの思いを大切にしながら「本当は何をしたいのか」という課題を見つけ，解決の糸口を見つけるとともに実行できるまであたたかく見守ることが必要です。目的意識をもつことにより，必要かどうかという最善の判断をすることができます。

>> 子どもに寄り添う言葉

友達と休み時間に激しくけんかをしている時の教師の対応を例に見ていきます。

T　どちらもけががをするから，叩くことをやめなさい！（２人の安全を確認した後，安心させる言葉掛けをしていきます。）互いに出血などのけがはありませんか。２人の命に関わることだと思ったから心配でした。無事で良かったです。どういうことでけんかすることになったのか教えてくれますか。Ａさんの後，Ｂさんに聞くからね。

話を聞きながら**「Ａさんのここまでの話は合っているかな」「Ｂさんが言っていることは納得できたかな」と事実と相手の気持ちを確認しながら，互いの意見を尊重しつつ進めていきます。**その後「本当はどうしたら良かったのか」「これからどうしたいか」を話して終えます。

POINT

・問題行動に対して「本当は何をしたいのか」という裏側にある思いに目を向けていく。
・教師ではなく，子どもたち自身で解決できるように言葉を掛ける。

「お母さんに言うよ」は良くない

生活指導

のは…

視点

>> 子どもと関わる時に

先生方は，子どもたちと接する時に，一番大切にしていることは何でしょうか。その１つとして考えられるのが，「信頼関係」です。これが崩れてしまうと，どんな素晴らしい授業や崇高な言葉も，その子どもに入っていくことはないからです。

この「信頼関係」を築くために，「お母さんに言うよ」という，「悪いことをしたら，保護者に伝えるという罰をあなたに与えますよ」というメッセージは，どんな影響を与えていくでしょうか。

>> 「信頼関係」を築く上でのデメリット

「お母さんに言うよ」と言おうとする気持ちは良くわかります。子どもに「変わってほしい」「何度指摘しても友達を傷つける」などの教師が困る行動を連続して抱えてしまうと，早く解決したいという思いに駆られるからです。そんな時に，「お母さんに言うよ」と伝えてその行動がなくなったら…。

ただし，いわゆる問題行動が収まったとして，どんなことを子どもは考えているでしょうか。「言うよ」と言って，本当は保護者に伝えていなかった場合，「ああ，ただの脅しに使ったんだ」と子どもは学習することになり，一時的な効果に終わります。その人自身が自分の行動を見直し，改善しようという気持ちにはなりません。

一方，電話などで実際に伝えていた場合，どのような伝え方になるでしょうか。おそらく，「～のような行動が見られますので，ご家庭でもご指導をお願いします」のような話し方になると思います。その場合，実際にその場を見ていない保護者からすれば，限定的な指導しかできません。最悪なのは，教師の言葉と子どもの言葉が食い違う場合です。「先生は，我が子のことを信頼していないのかな」「ちゃんと毎日見てくれているのかな」と感じさせ，保護者との信頼関係にも影響を及ぼしかねません。そうなってしまえば，教師の言葉はますます子どもに入らなくなり，子どもに悪影響が広がります。

子どもの話に耳を傾け，その行動理由などの思いを汲み取り，自分がなりたい姿に向けて，どうしたら良いかを一緒に考える。そんなやり取りを通して保護者に協力をお願いするのであれば，ご家庭で見てもらう視点を共有できているので，心を開いての会話が展開されます。しかし，「罰」を入れてからでは，人は本当のことを話さず，隠そうとする意識が働きます。そのような会話では，信頼関係は崩れていってしまうでしょう。

11

「お母さんに言うよ」も時にはアリ

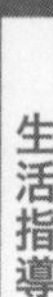

なのは…

B 視点

>> 家族に心配をかけたくない，外で荒れる子どもたち

問題行動が起こり，子どもたちに指導をすると

C　先生，今日のことお母さんに言うの？
T　お伝えしようと思っている。怒られたくないの？
C　いや，心配かけたくないから…。

このようなやり取りが見られることはめずらしくありません。働きながら，家事をしながら，子どもを育てることは本当に大変です。共働きや核家族が増え，家庭や家族に気を遣う子どもが増えたように感じます。これまでよく聞いた「家ではめちゃくちゃ，外では優等生」な子どもと同じくらい**「外ではめちゃくちゃ，家では優等生」な子どもも増えたのではないでしょうか。**

実際に文部科学省が出している暴力行為件数調査結果に注目してみると，2016年度の22841件に対して2021年度は48138件。５年間で倍増しているのです。家族の頑張りに気を遣い，家庭でなく学校で自分を出す子どもが増えてきているのかもしれません。

そんな彼らに「今，あなたは大好きなお母さんが心配するような行動をとろうとしているんだよ」と伝え，自身の行動を客観的に見つめ直せるようにさせることは時には大事なのではないでしょうか。

かつて「お天道さんが見ている」と自己の行動を改める言葉がありました。今の時代はもしかすると，お天道さんでなく，大好きなお母さん，なのではないでしょうか。

≫ 子どもをみんなで育てたいから

また実際に，子どもの問題行動を保護者に報告，相談すると多くの場合，

「ご迷惑おかけしました。家でも話をしてみます」
「もっと早く教えてほしかったです！」

と前向きに協力していただける場合がほとんどでした。そもそも私も含め多くの保護者は，子どもたちの学校での様子が知りたいのです。こども基本法が令和５年４月から施行されました。その第三条五項には**「こどもの養育については，家庭を基本として行われ，父母その他の保護者が第一義的責任を有する」**とあります。家庭，学校，地域といった様々な場所で子どもの人格は完成していきます。「チーム子ども」としてみんなで育てていくために，お母さんに言うよ，はアリです。

11 「お母さんに言うよ」は良くない？

生活指導

親の存在の大きさを意識して，大切に適切に

八神先生のアドバイス

では，どうする？

≫ 劇薬の使いどころを考える

学校は単に学業を学ぶ場所だけでなく，人間関係や社交スキルを学ぶ場でもあります。この学びの過程で，失敗や「つまずき」は避けられないものです。大切なのは，そうした時の対応方法です。

時には，失敗をした子どもが内心で自分を責めていることもあるでしょう。このような状況で，「お母さんに言うよ」と脅すような言葉を投げかけると，子どもの成長のチャンスを奪うだけでなく，彼らの心を深く傷つける可能性もあります。子どもたちにとって，**親は最も大切な支えです。その存在を不安定にするこの言葉は，まさに劇薬のようなもの。**その使い方には注意が必要です。

それでは，「○○さんに言うよ」という言葉が効果的に機能するシチュエーションを考えてみましょう。

①転ばぬ先の杖としての声掛け

②平穏が脅かされている状態へのブレーキ

>> 「つまずき」の前後で使い分ける

まず①については，「つまずき」が発生する前，子どもの気持ちがまだ安定している時，普段の会話の中で「学校での頑張りやトラブルなど，先生たちが親に伝えるのは当然のことだよ」と伝えておくことが大切です。子どもたちの中には，「学校と家は別の世界」と捉えている子もいるでしょう。しかし，この2つは実際には連携していることを子どもたちに意識させます。このような**認識の微妙な変化は，長期的に見ると大きな違いを生むことがあります**。

②については，他の生徒に迷惑をかけ続けるような場合には，親の威光を引き合いに出すことが1つの手段として考えられます。但し，この言葉を使った後は，確実に親に連絡することが求められます。連絡方法も様々で，電話，連絡帳，家庭訪問など，内容の軽重によって適切に選択する必要があります。親としてはその場にいないので，歯がゆい思いをされるでしょう。そこで，セットでお伝えしたいのは，学校側として「このようなことになってしまって申し訳ない」という気持ちです。事実は事実として伝えた上で，**子ども自体に罪はないことは明確にしたいです。**

POINT

- 「○○に言うよ」は劇薬であることを常に意識する。
- 「つまずき」の前後では，言葉のもつ重みが変わる。

12 子どもに「頑張れ」は良い言葉なのは…なぜ?

生活指導

A 視点

>> 励ましとしての「頑張れ」

「頑張れ」という言葉は，基本的には励ましや応援の意味をもつ言葉です。その根本的な意味は，自らの意志や努力で何かを達成することを期待しているというもの。

まず，この言葉は「自発的に考え行動するようになる」効果があるとされます。なぜなら，「頑張れ」には具体的な方法や答えが示されていないからです。この言葉を受け取った人は，**自らの方法や策を考え，実践に移す必要が出てきます。このプロセスを経ることで，自律的な思考や行動力が養われる**のです。

自らの力で前に進むことの大切さを伝える「自分で自分の船を漕ぐ」という言葉がありますが，「頑張れ」という言葉も，単に背中を押す意味合いだけではなく，その背景に同じ思想をもっていると言えるでしょう。

>> 「頑張れ」の微細な変化とその効果

「頑張れ」の言葉自体には，多くのバリエーションが存在します。例えば，「頑張っているね」や「頑張ろう」など，少しの言葉の変化で伝える意味やニュアンスが変わることがあります。これらのバリエーションは，相手の状況や気持ち，関係性に応じて使い分けることができます。

特に「頑張っているね」という言葉は，相手の努力を認める言葉として非常に効果的です。この言葉を使うことで，努力している相手に対して評価や認識を示すことができ，その結果として相手のモチベーションの向上や自己肯定感の強化につながります。

しかし，注意点として，自分のキャパシティを超えてしんどい思いをしながらも頑張っている子どもに「頑張れ」という言葉を使うことは，時としてプレッシャーとして受け取られることもあります。そのため，状況や相手の心理状態をよく観察し，適切な言葉を選ぶ必要があるのです。「最近，すごく頑張っているね。その努力，しっかりと見ているよ」のような声掛けは子どもの心に響くことでしょう。**言葉１つにも，様々な意味やニュアンスが込められています。「頑張れ」という言葉も，その使用方法や状況によって，多大な効果を発揮することができます。**しかし，その一方で誤用すると，相手にプレッシャーを与えてしまう可能性もあるため，常に注意深く，そして思いやりの心をもって，この言葉を使っていくことが大切です。

子どもに「頑張れ」は良くない言葉

生活指導

なのは…

B 視点

》「頑張っているのに頑張れ」は悪影響？

「頑張れ！」学級で１日１回は使う言葉ではないでしょうか。頑張るには「眼張る」「我張る」など様々な説の語源があります。しかし，一般的にはどんな場面においても相手を激励する時に使います。特に学校教育では，教師から子どもに向かって使ったり，子ども同士で使ったりすることが多いです。「宿題たくさん出したから頑張れ」「学習発表会に向けて頑張ろうね」など，様々な場面で使いやすい言葉の１つです。

もし，自分が同僚から「研究授業，頑張ってください」と言われたらどのように感じるでしょうか。よし，頑張ろうと思うのか，すでに頑張っているのにこれ以上，何を頑張ればいいのか，など，肯定的に捉えることも否定的に捉えることもできます。**「頑張れ」という言葉を相手がどう受け止めるかを考えて声を掛けることが大事**なのです。言葉は発する側の意図に限らず，受け手側がどう受け止めるかによって，その言葉の意味や捉え方が変わるものだと認識しておく必要があります。

>> 教師の言葉で子どもは育つ？

子どもにとって信頼する教師からの言葉掛けは子どもたちの成長に大きく影響します。だから，子どもに掛ける言葉は慎重に，丁寧に考えなければなりません。そして，何より大事なことは，相手がどう受け止めるかを考えて声を掛けることが大事です。どんな言葉を掛ければその子の成長につながるのかを考えなければなりません。

いつ，どこで，どんな言葉を掛けることで，その子の成長を支えることができるのか，子どもの様子を見て，見極めて言葉を選ぶことが大切です。

言葉掛けの例

・一生懸命頑張っている子に対して「ここまで努力をずっと続けてきたね」など，過程を認める言葉を掛ける。
・頑張りが足りない子に対してできていないことを非難するのではなく，できなかったことに共感しつつ，足らないことをアドバイスする。

子どもに掛ける言葉は慎重に，「頑張れ」と言われなくても頑張っている子に対しての励ましの言葉は，別の言葉で置き換えて具体的に伝えた方がいいです。

以上のことから「頑張れ」は言わない方がいいこともあるのです。

子どもたちの状況を見て「頑張れ」と声掛けをしよう

生活指導

萩原先生のアドバイス

では，どうする？

≫「頑張れ」と「頑張っている」

A視点・B視点の文章から，お２人の先生の子どもへの声掛けの「観」はかなり近い印象を受けました。それは，子ども目線でどんな声を掛けるのかを常に考えられているということです。ですから，「頑張れ」という言葉もその言葉だけではなく，子どもたちは多くの文脈を感じ取り，行動していくことになるのでしょう。逆の言い方をすれば，「頑張れ」だけでは「何を」「どのように」という視点がないため，無責任であり，見放されているとも受け取られかねません。

そのため，お２人から出てきている「頑張っているね」という，これまでの過程を踏まえた声掛けをされている先生方も多くいらっしゃると思いますし，私もよく使う言葉です。少しの違いですが，**その場だけの「点」ではなく，子どもの足跡である「線」を良く見ているのか**どうかに関わる，大きな違いがある言葉だと感じています。

私は，「頑張っているね」という言葉掛けを意識しておくことで，子どもたちを教師自身が見ているかどうかも再確認するようにしています。この子には「頑張っているね」を言ってないなという時には，「線」で見ていないなと私自身反省する材料にしています。

≫「頑張れ」は使ってはいけないのか？

一方で，「『頑張れ』はやめましょう」という教師間のやり取りをしているという話も聞いたことがありますが，私は使ってもいいと考えていますし，実際に使っています。

しかし，学期始めや初めてクラスを受け持つ時には，あまり使いません。「みんなのことを大切にしているよ」というメッセージとしては不十分だと感じるからです。また，具体性がないため，クラス全体の価値づけをする時にもふさわしくないと感じます。ですから，**子どもたちに明確な指示が通るようになり，行動指針が定まり，教師理解が深まったなと感じた時**に，「頑張れ」という声掛けをして，仕掛けるようにしています。「何を」は自分自身で考え，判断して行動に移す。その過程を見取ることで，子どもの成長を促すことができるでしょう。

POINT

- 「頑張っているね」から，足跡である「線」で子どもたちを見るようにしよう。
- 「頑張れ」から，子どもたちの育ちの様子を確認し，見取りの機会をつくろう。

13 給食は完食する

生活指導

のがいいのは…

視点

>> 栄養バランスの維持と食材への感謝

給食のメニューは，専門家によって子どもの健やかな成長を考慮し，栄養バランスが良く考えられています。特に，子どもは成長過程にあり，適切な栄養が必要です。

SDGs の目標の１つに食品ロスが掲げられているように，地球市民一人一人が，食材一つ一つに感謝し，無駄にせずに食べることの大切さを共有することが求められています。さらに，給食を完食することで，その日に必要な栄養素をしっかりと取ることができ，成長する身体をしっかりとサポートできるのです。「今日の給食には，骨を強くするカルシウムがたっぷり入っていますよ。しっかり食べて，強い体を作ろうね」という教師の声掛けによって，栄養面にも目を向ける子どもも現れることでしょう。

さらに，**給食を通して，食材に対する感謝の気持ちや，食べ物を大切にする心を養うことも重要です。**農家の人々が一生懸命に作った野菜や，漁師が海から獲った魚。これらの食材を無駄にしないで食べることは，私たちが日々受け取っている恩恵に感謝することにつながります。

＞＞ 挑戦する勇気と根気の育成

ベタですが「最初は苦手な味かもしれないけれど，一口だけ食べてみよう」という声掛けで子どもは勇気が湧いてくることでしょう。他にも，教師が美味しそうに食べる姿を見せることも効果的な給食指導の１つです。

また，嫌いなことから逃げないという心構えは，将来的に様々な場面で役立ちます。社会に出た時，好きなことだけを選び取るわけにはいかないことも多いです。**給食を完食することで，少しずつ嫌いなものにも挑戦する勇気や根気を育てることができるのです。**

言及するまでもありませんが，アレルギーがある子どもや保護者の方からの希望，その時々の満腹度などは最優先事項です。また，休み時間や掃除の時間まで食べさせるという行為も人権侵害に当たりかねません。あくまで給食の時間内，そして子どもの意思のもと指導する必要があります。

給食を完食することの背後には，単にお腹を満たすという行為以上の意味があります。それは，身体への栄養供給，食材への感謝，そして自らを成長させるための達成感や挑戦の精神を養うことに通じます。これら全てを統合することで，給食の完食は子どもの成長を全方位からサポートすることができるのです。

給食は残すことも認める

生活指導

のがいいのは…なぜ？

B 視点

>> 給食の時間も労働時間

教師という仕事は，無意識に「すべき」にあふれています。そのような思考をもった時の教師の言葉は強く，排他的になります。ですから，なるべく「すべき」はなくしたいと思いながら日々過ごしています。

そんな中で，食事はどうでしょう。「フードロス」「もったいない」「作ってくださった方への感謝」「命をいただく」など，食事に関する要素を考えてみると，完食を「すべき」とする理由は多いように感じています。筆者も小学校どころか幼稚園の頃から，**完食を「強要」されたことを強く覚えています。**そして，そのような教師だった時には，確かに残すことは少なかったなという記憶もあります。

このように，給食の完食の強要はメリットも感じていますが，同時に，残念ながらデメリットも多いのではないかと感じています。

そもそも，**子どもたちの健やかな成長を支えるための豊かな時間が給食の時間**であると考えています。この大切さを伝えていくために，教師も共に食事をし，時には指導をしていくという他の業種にはなかなかない仕事があるのだと思っています。このねらいに沿って考えていくと，いくつかの疑問点が浮かびます。

≫ 完食の強要のデメリット

大前提として，**食事を「楽しい時間」にすることが必要**だと考えます。その雰囲気をつくるために，「強要」という指導をすることがふさわしいのかということだと思います。「もう少し食べてみたら？」や，「昨日よりも食べられるようになったね」というような励ましの言葉掛けをすることで十分なのではないでしょうか。少しずつ苦手なものを克服していく，他の場面でもそんな子どもの頑張りの様子を日々先生方は評価しようとしていると思います。給食の時間も同じでしょう。

次に，給食はバランス良く作っているので，残すと成長に影響が出るという話を良く聞きます。しかし，トレーニングの専門家に食事について聞いてみたことがありますが，**「好きなものをおいしいと感じながらよく噛んで食べることが一番大切なことです」**とおっしゃっていました。もちろん，極端なバランスの喪失は成長の妨げになると思いますが，食に対してストレスを感じるよりも，よほど体にとって良いことだと感じています。好きなものを中心に楽しみながらいただくことで，食に対して指導したい観点に向けての支援をしていけばいいのではないでしょうか。

13 給食は完食する？

給食だって個別最適化しよう

生活指導

宇都宮先生のアドバイス

では，どうする？

›› 偏食はチャンスを逃すことも

「食事は人を良くする事と書きます」

大好きな飲食店に書かれていた言葉です。食べることで私たちは栄養を補給し，生命を保ちます。また，会食は友好を築く手立ての１つです。**食事は現在において単なる生命維持のものだけではなく，コミュニケーションツール**なのです。

偏食がひどい場合，「彼が食べられるものは店になさそうだから今回は誘わないでおこうか」「何を差し入れればいいのだろう…」「私が作った料理は口に合わなかったのかな」と，相手に気を遣わせることがあります。つまり，ひどい偏食を何もせず放っておくと，将来子どもたちがコミュニケーションのきっかけを失う可能性も出てくるのです。A視点であったように，我々教師が「一口だけ食べてみよう」と時に勇気づけることが，彼らの可能性を広げることになるかもしれません。

>> 食材と向き合い，完食とお残しの間に広がるグレーを

ですが，B視点にあるように，「完食の強要のデメリット」は存在するでしょう。プレッシャーをかけられるがゆえに，食事そのものに抵抗感が出てしまいます。

そもそも，完食とお残しの白黒にバシッと分ける必要はありません。まったく食べられないもの，少しなら大丈夫なもの，他のものと食べるとごまかせるもの…苦手な食べ物にもグレーが広がります。そこを行き来したいものです。

「にんじん，スープと一緒に食べて頑張ったんやな」

「豆のこと見つめて食べようか迷ってたんだね」

放棄せず食材と向き合い，グレーの間を行き来しながら，食事を楽しむ。それを教師が認める。きっとその姿勢は食事だけでなく学習や生活にも生かされるはずです。

給食だって個別最適化です。僕の学級のあの子も，今日は数分間，野菜とにらめっこしていました。今日は負けでも，来週は，勝つかもしれない。

「食事は人を良くする事」と信じながら，明日も見守ります。

POINT

・完食は難しくても，日々食材に向き合うことは大切である。

・完食とお残しの間のグレーを行き来しながら，その子に合った食事を。

14 授業の前の挨拶は必ずする

学習指導

のがいいのは…

A 視点

>> 休み時間と学習時間を切りかえる

学習の時間を大切にするためには，最初が肝心です。チャイムと同時に，子どもたちの**心と体にスイッチを入れる一番簡単な方法が挨拶**です。声を合わせて「お願いします」と言ったり，礼を揃えたりすることで，学習に対して気持ちを入れることができます。しかし，いい加減になっている学級も多いのではないでしょうか。その原因の１つとして，形骸化されていることが考えられます。挨拶そのものの意味を知らず，とりあえずやればいいと捉えていることにあります。だからこそ，教師が意味を伝えて子ども達の意識を変えていく必要があります。

挨拶とは「心を開く・心に近づく」という意味があります。授業に置き換えると，新しい学習への扉を自分で開き，仲間と共に進めていくことを意味します。自分だけでするものではなく，友達や教師，学ぶ環境をつくってくれた人に対して「学ばせていただきます」という思いも込められています。このように，何気なく行われていることに対して，意味を伝えることによって，子どもたちは意識するようになり行動に表れてきます。毎日たった数秒の挨拶をするだけで，切り替えができるようになります。

≫ 小さな積み重ねを続ける

授業の前の挨拶ができるようになると，子どもたちは他の場面でも生かすようになります。例えば，朝や帰り，何かをお願いする時，受け取る時など気持ちの良い声や態度で過ごすことができるようになります。教室だけでなく日常生活でも生かす子もいます。他学年や校長先生から「〇〇さんがにこにこしながら挨拶してくれて嬉しかったです」「〇〇さんは唯一『いつも草むしりしてくれてありがとうございます』と声を掛けてくれました。そのおかげで頑張ることができました。ほめてあげてください」「〇〇さんの会釈にあたたかさを感じました」と言われる場合もあるでしょう。言葉だけでなく態度で示している子もいるはずです。いずれにしても，担任以外の先生からほめられることは，いつも以上に嬉しいことでしょう。そして，クラス全体に伝えればより良くしたいという意欲も高まります。

たった数秒の言葉は，繰り返し積み重ねることによって習慣化され，友達や教室，周りの人を笑顔にすることができます。そのために，教師は一つ一つの出来事に対して意味を考え，伝えていく必要があります。小さな積み重ねを地道に続けていきましょう。

14 授業の前の挨拶は必ずする?

授業前の挨拶はなし

学習指導

がいいのは…

B 視点

≫ 自然と授業がスタートする工夫をもつ

授業の導入は，授業の全体の流れを左右する非常に重要な部分です。特に，挨拶を入れることで，授業の流れが途切れたり，スタートの瞬間のテンポが損なわれたりすることが考えられます。また，毎回の授業開始時に同じ挨拶を繰り返すことは，授業の導入の新鮮さを失わせ，子どもの興味や注意を引きつける効果が低下する可能性があります。

「スッと授業に迎える導入の工夫を」という考えは，子どもの興味や好奇心を引き出すためのものです。例えば，**授業のテーマや内容に関連する謎かけやクイズを提示することで，子どもの関心を授業のテーマに向けることができます。**また，前回の授業の内容を簡潔に振り返ることで，授業の続きを自然に導くことも可能です。

ことわざに「始めが肝心」というものがあります。これは，何事も最初のステップが大切であるという意味をもちます。授業も同様に，その始めの部分で，いかに子どもの関心や興味を引きつけることができるかが，授業の成功を左右すると言えるでしょう。「さあ，皆さん，前回の授業で学んだこのキーワード，覚えていますか？　隣の席の子に説明してみよう」と問いかけで，一気に授業ムードに入ることでしょう。

>> 効果的な授業導入の重要性

全ての子どもが同じペースで情報を処理し，注意を切り替えることはできません。実際，「切り替えが苦手な子」も少なからず存在します。このような子どもにとって，授業前の挨拶や終わりの挨拶は，大変なストレスになりかねません。

また，**始めの挨拶時に「きちんと立ちなさい。礼を揃えなさい」などと注意されたために，授業中イライライライラ…したまま過ごしてしまう**こともあるでしょう。そうなってしまっては，授業に集中させることは困難で，時間がかかる場合があります。このような子どもを考慮すると，授業の始めや終わりに時間を割く挨拶よりも，その時間を授業の内容や疑問の確認，復習に使った方が有効であると言えるでしょう。

結論として，授業の開始や終了時の挨拶は，伝統やマナーとしての側面もありますが，教育の目的や効果を最優先するのであれば，必ずしも必要ではないと考えられます。子どもの学びや理解を深め，効果的な授業を実現するための方法として，挨拶を省略することも１つの選択肢となるでしょう。

14 授業の前の挨拶は必ずする？

意図のない挨拶ならやめよう

学習指導

吉野先生の
アドバイス

では，どうする？

≫ 形だけの挨拶は必要ない

私は，授業前も後も挨拶はしません。

Ａの主張にあるように，挨拶によって気持ちを切り替えることができるという面も理解できます。また，挨拶は大切なコミュニケーションですから，しっかりと指導したいと考えています。けれども，授業ごとに挨拶をすることは，逆効果になる可能性もあると考えています。

小学校の場合，１日４～５時間を担任が授業します。そのたびに挨拶をすることは，挨拶の形骸化につながる懸念があります。形だけの挨拶は，挨拶の重要度を下げてしまうことにつながる気がするのです。また，Ａの主張にもＢの主張にもあるように，授業のつかみは非常に大切です。挨拶をするよりも，工夫した導入をすることで，授業への切り替えをしたいと考えています。Ｂの主張に書かれているように，クイズや復習から始めるのもいいですし，国語なら漢字や暗唱から始めるなど，ルーティンを決めておくこともいいでしょう。活動が決まっていることで安心して学習できる子どももいるからです。

Ｂの主張の後半部分にあるように，遅れてしまった子どもに対して，注意から始まってしまうことがあるというのも同感です。挨拶をするのであれば，徹底しないとやはり形骸化していきます。事前に声掛けをするといった支援も考えられますが，それよりは，挨拶をせず，スムーズに学習に入ってしまった方が良いと思います。

≫ 挨拶は大切なので，繰り返し指導する

ここまでの話で結論づけると「挨拶はしない」となりますが，他の先生の授業では，きちんと挨拶をするように指導をします。**「担任の先生とは，朝と帰りの挨拶はしっかりしよう」「他の先生が授業してくださる時は開始終了の挨拶はきちんとしよう」**というようなことを，４月から繰り返し教室で話します。森信三氏の『躾の三原則』にあるように，挨拶は非常に大切です。ですから，挨拶の大切さや仕方などについて，折に触れて指導していく必要があると考えています。練習をしたり，語ったり，時にやり直しをしたりして，繰り返し指導することが重要です。

POINT

・挨拶は大切。趣意説明や指導はする。
・授業ごとの挨拶に意図があるのであれば良いが，ないのであれば省略することも考える。

15 めあては教師が書く?

めあては教師が書く

学習指導

のがいいのは…

視点

›› めあてを板書する意味

読者の先生方は，板書をどうされているでしょうか。めあてを書くところから始め，最後にまとめを書く，という流れを大切にされている先生方もいらっしゃると思います。一方で，めあてを書かずに子どもの意見をつなげて授業を展開するやり方もあり，こちらを大事にされている方もいらっしゃるでしょう。

筆者は，社会科の授業を担当することが多いため，行動目標を示すめあて（例：「～できる」）を書くというよりも，子どもたちから導入を進める中で疑問点を束ね，本時の学習問題（例：「なぜ，～なのだろう」）を書いてから授業を展開していく，という授業の流れを基本としています。これを板書し，ノートに書いているかを机間巡視して評価をしていくことで，授業のスタートをクラス全体で共通にでき，今日の１時間で何を考えていくのかが鮮明になっていきます。

また，展開していく中で，議論の焦点がぼやけてきた時に，そもそも何を考えようとしていたのかに立ち返るきっかけになります。この一連の，「発言を束ねる」「単元の見通しをもちながら本時の追究したいねらいを整える」という営みを，子どもたちが鍛えられているのなら子どもたちに委ねてもよいでしょうが，そこまでもっていくのは至難の業です。また，子どもたちが育っていたとしても，より深い議題や議論が展開されていくと，なおさら「そもそも何を考えていたんだっけ？」という視点は必要になります。先生方の会議でも同様ではないでしょうか。

≫ めあてとノート指導

ノート指導という視点でも，めあてを教師が黒板に書くことの意味は大きいです。

先生方のノート観や学級の実態にもよると思いますが，筆者は，ノートはその場での自分の考えを表し，変容を確かめるための材料という位置づけをしています。ですから，板書を写すのではなく，考えを残しておくように指導しています。そのため，必ずめあては書くようにし，何を考えればいいのか分かるようにさせています。これをルーティーンの１つとして決めておけば，振り返りの時に自分自身の思考の流れを追いやすくなります。ですから，板書を子どもが書いてしまうと，黒板に書いて，ノートに書いて，考えて…という一連の行動が大変になり，落ち着いて学習ができなくなります。

学級の実態を把握し，継続してノート指導を進めていくという２つの点で，めあては教師が書く方がいいのです。

15 めあては教師が書く？

めあては子どもがつくる

学習指導

のがいいのは…

B 視点

>> 主体的な学びの実現に向けて

『学習指導要領（平成29年告示）』では，「主体的・対話的で深い学びの実現に向けた授業改善を行うこと」が明記されています。また，中央教育審議会答申（2016）では，主体的な学びの実現に向けての視点として，以下のように示されています。

> 学ぶことに興味や関心を持ち，自己のキャリア形成の方向性と関連付けながら，見通しを持って粘り強く取り組み，自己の学習活動を振り返って次につなげる「主体的な学び」が実現できているか。

子どもがめあてをつくることは，主体的な学びにつながっていくと考えられます。

教師がめあてを提示してしまっては，子どもはどうしても受け身になってしまいがちです。子どもの主体性を育てることにはつながっていかないのです。

子どもの主体的な学びの実現に向けて，子どもたちがめあてをつくっていくことが大切です。

>> 特別活動，算数のめあてを例に

めあてを子どもがつくることの必要性について，次に，特別活動と算数を例に述べます。

まず，特別活動の学習指導要領において，「合意形成を図ったり」「意思決定をしたりすること」が育てる資質として示されています。ここに至るためには，そもそも子どもが課題意識をもつ必要があります。それがなければ，合意形成や意思決定に向かう授業を成立させることは難しいからです。子どもがめあてをつくることにより，合意形成や意思決定ができるようになります。

次に，算数についてです。算数は，特に系統性が重要な教科です。他の教科がないわけではありませんが，算数ほど積み重ねが重要な教科はないのではないでしょうか。その算数において，前時（もしくはそれ以前）の授業を生かして本時の授業を始めていくことは，大切な視点であると考えます。「昨日の授業でこれを習って，これが分からなかったから，今日はこれをやりたい！」という気持ちがあれば，自分事として学習を進めることができます。

他の教科においても，**見方・考え方を働かせる上で，生活上の問題を見出すことが大切**だと言われています。つまり，子ども自身が目的をもって学習を進めていく重要性が言われているとも言えます。

子どもと一緒につくるプロセスを大切にしよう

学習指導

稲垣先生のアドバイス

では，どうする?

>> 教師が指導するという目的をもって書く

そもそも「めあて」を書くのか書かないのかという前に，授業は子どもに**「どのような力を付けたいのか」**という目的で行っているはずです。その上で，めあてがどのような役割を果たすのかを考えます。

めあてがあることで…
・本時，取り組むべきこと内容が明確になる。
・学習を進めていく上での視点となる。

上記のように，めあてがあることの効果を考えれば，授業において，めあてが果たす役割の重要性が分かります。教師は一単位時間や単元，年間指導計画の中で，子どもにどのような力を付けたいかを思い描いています。教師の中でめあて（課題）があり，そのめあてを解決したり達成したりした子どもの姿を思い描いて指導をします。だからこそ，教師の中には，授業におけるめあてがあるはずです。

>> 子どもの主体性を育むために

教師が本時，子どもに付けたい力を思い描き，めあてをもって授業に臨むことは大切です。しかし，教師がめあてを子どもに与えている授業では，子どもは主体的に学ぶようになりません。「ノートに自分の考えを書こう」などの目標ならば教師が与えても良いでしょう。しかし，学習内容に関わるめあて（課題）は，子どもと共につくるのがいいです。教師は本時，子どもにどのような力を付けさせたいのか，子どもは本時どのようなことを学びたいのかという思いを一致させる工夫が必要です。

例えば，社会科の授業では，導入場面で資料を提示し，その資料を見て気付いたことや前時までに身に付けた知識との違いから，「なぜ」という子どもの思いを教師が工夫して子どもから引き出し，課題をつくることが多いです。**一方的に与えるのではなく，子どもと共に授業をつくっていく**という意識が大事です。授業の主役は子どもです。子どもが自分で「学びたい」と思えるめあてを，教師と子どもと共につくっていく授業にしていきましょう。

POINT

・教師が子どもにどのような力を付けたいのかを思い描いてめあてを考えよう。
・めあてを子どもと共につくる工夫をし，子どもの主体性を伸ばそう。

16 ご褒美で子どもを動かしても良いのは…なぜ?

学習指導

A 視点

>> 外的動機付けは人間の性

人間の行動や意欲は，外的動機付けと内的動機付けのバランスによって大きく影響を受けます。外的動機付けとは，「○○を達成すれば報酬がもらえる」という外からの刺激や報酬によって動機付けられることを指します。生活の中で働き，給料を得る大人の行動や，プロ野球での勝利報酬などは，この外的動機付けの一例です。

子どもにとっての「ご褒美シール」も，この外的動機付けの一環と考えることができます。特定の行動や達成を促す手段として有効であると考えられます。特に，明確な目標に向かって取り組む際の励みとしては，この手法が強い動機付けとなりうるのです。

しかし，一方で問題も存在します。その最たるものが，「報酬が主目的となってしまうこと」です。具体的には，**子どもが行動する背後の動機や過程がシールを得るためだけとなってしまうこと**です。例えば，「先生，本棚を整頓したらシールもらえますか？」というやり取りは，実際には教育の場でよく見られるものです。このような状況が繰り返されると，報酬がないと行動しない，という状態をつくり上げてしまう恐れがあります。

本来，教育の目的の１つとして「奉仕の精神」の育成が挙げられます。つまり，何かを行う際，見返りを期待せず，その行動そのものや，それによって生まれる他者の笑顔や感謝を喜びと感じる心を育てることです。これは，健全な社会を形成する上での基盤とも言える考え方です。

≫「確認」や「付加価値」としてのご褒美シール

そこで，「ご褒美シール」の取り扱いを再考することが求められます。それは「確認の手段」としての位置づけです。九九の暗唱やドリルの完了など，具体的な成果を達成した際に，それを確認するためのシールとして提供するのです。この場合，**シールは「報酬」ではなく，「成果の確認」としての役割を果たします。**

例のやり取りのような，「８の段が言えたらシールをもらえるの？」という質問に，「うーん，分からないな。ひょっとして，シールのために頑張るってことですか」と応えることで，シールを目的とした動機付けを避けることができます。このように，外的動機付けのツールとしてのシールを適切に使用し，子どもの内的動機付け（内面に沸き起こった興味・関心や意欲に動機付けられている状態）も同時に育むバランスが重要です。

16

ご褒美で子どもを動かすのは良くないのは…なぜ?

学習指導

B 視点

>> 本当の喜びや面白さを

これまで担任してきた子どもの中に,「テストで100点を取ったら100円もらえる!」とか,「通知表でAが20個以上あったら1000円もらえる!」という子がいました。これらは,子どもたちのやる気を引き出す上で非常に即効性があり,効果があるようです。

しかし,これには弊害があることもその後の様子から分かりました。テストで100点を取り続けた子の親が,そのご褒美(100円)をやめてしまったのです。すると,その子は,それまでと比べてテストに対する意欲が下がったように感じました。「お金がもらえないんだったら,別に頑張らなくていいや」という具合です。つまり,**テスト勉強をする目的が「お金をもらうため」**になっていたのです。

「努力を重ねた上で良い点を取る喜び」や「分からないことが分かるようになるという面白さ」が本来の目指すべき姿だと思います。先の例は,「勉強が好きになる」「主体的に学ぶ」の逆を行っている気がするのです。

>> 報酬を与えると「嫌なこと」になる

ご褒美で子どもを動かす弊害については，次のような実験結果もあります。１つのグループには事前にご褒美を出すことを伝え，もう１つのグループには何も伝えずに，参加者にパズルを30分間してもらいます。終了後，ご褒美がもらえると言われていたグループの多くの人はパズルをやめました。一方，何も伝えられていなかったグループはパズルをやり続ける人の割合が高かったのです。この理由について，実験をした心理学者エドワード・デシは，ご褒美を約束された参加者たちは，無意識のうちに「人がお金を払うのは，嫌な仕事をさせる時だけだ」と考えたからだと述べています。パズルという娯楽が，ご褒美を与えることによって「強制させられた嫌な仕事」になってしまったのです。他にも同様の実験がなされており，それらの結果からリチャード・ワイズマンはこう結論づけています＊。

> 子どもにいくら報酬をあたえても，結果としては彼らにそれが嫌なことであるかのように行動させてしまう。そのため報酬が出されなくなると同時に，目的の行動は終わりを告げるか，以前より状態が悪化する。

報酬を与えると，**それ自体（例えば勉強）が「嫌なこと」**になってしまうという危険性があるのです。

＊リチャード・ワイズマン／木村博江訳『その科学があなたを変える』文藝春秋，2014年，p.175

16 ご褒美で子どもを動かしても良い？

学習指導

学ぶ楽しさにつなげるご褒美にしよう

加藤先生のアドバイス

では，どうする？

›› 2つのご褒美

ご褒美には「目に見えるもの」と「目には見えないもの」があります。「満点を取ったらゲームを買ってあげる」「合格したらカードがもらえる」などの目に見えるご褒美は，報酬を与えることによって，達成するまでのやる気を一瞬で引き上げることができます。しかし，達成できなかった場合は諦めてしまったりやる気を失ってしまったりと，本来の目的である「学ぶ楽しさ」から離れていくことになります。だからこそ，報酬ではなく成果の確認として提供するとよいでしょう。子どもの頑張りや努力が成果に結びついた時，目に見える形でのスタンプやシールなどのご褒美は特別な喜びがあります。

目に見えないご褒美とは言葉や表情，仕草によるものです。その子が目標を達成するまでの過程を褒めたり，達成まではいかなくても学ぼうとする瞬間やほんの少しの変化を認めたりして言葉を掛けていくことで，「学びたい」という気持ちが強くなります。継続的に伝えることにより，次の学習意欲につなげることができます。

>> 学びたくなる言葉のプレゼント

テストの目標点に達した時に伝える言葉を例に考えてみます。下のように，**成長した過程を具体的に伝える**ことによって，子どもの心の中に「学びたい」という気持ちがあふれてきます。

T　目標達成おめでとう。どうして達成できたのかな。

C　自主学習に力をいれたから，分からないことが少しずつ分かるようになりました。

T　頑張った自分をたくさんほめてくださいね。Aさんはテストに向けて，目標を立てて振り返ることができていました。テストでも自信をもつことができましたね。また，授業の受け方が変わってきたことも素敵です。今までのノートと比べて，意見を付け足すことが多くなっていますね。しかも，発表もできるようになったAさん。成長していますね。

POINT

- ご褒美は成果の確認や努力の過程を伝えて次の学びにつなげていこう。
- ほめる時には「何が・どのように」良かったのか具体的に伝えよう。

17 机間巡視では，頻繁に声掛けする

学習指導

のがいいのは…

視点

>> 机間巡視の目的は？

机間巡視の目的（例）

・一人一人の学習状況・理解度を確認する。
・一人一人の学習状況や理解度に合わせて指導（評価）する。

この他にも、一人一人が学びに集中しているかを確認するなど、学級の実態によって、目的は変わります。ここでは、全員が授業に向かっていると仮定した場合、上記のような目的をもって机間巡視（指導）します。授業において机間巡視をする場面は、個人で作業したり、追究したりする場面です。ですから子どもは，問題や課題を解決するために、思考を働かせ、一生懸命に考えている状態です。**机間巡視は教師にとって子ども一人一人がどのように学びに向かっているのかを見取る機会であり、指導や評価できる場面**であります。なので、教師は子ども一人一人の学びの状況に合わせて声を掛けます。

>> 声掛けが与える影響は？

一斉指導における机間巡視の時間は、子どもにとって教師と１対１で会話や対話ができる時間です。子どもにとって分からないことを聞く絶好の機会です。しかし、子どもが分からなさを表出できれば良いのですが、できないこともあります。その時に，教師の机間巡視の声掛けは，子どもの学びの助けになります。子どもの学びの状況を見取り、個別で声を掛けることがその子どもの学びになります。

それと同時に、個別で声を掛けたことが他の子どもにとっても助けになることがあります。例えば、授業の個人追究場面で全体的につまずきが見られた場合、１人の子どもへの声掛けを意図的に教室内に聞こえるように行うことで、他の子どもへの気付きを促すことができます。**１人の子どもへの声掛けを通して、学級全体への指導**になるのです。助言だけでなく、認めの声掛けも同じです。個人で作業しているからこそ、不安があります。そんな時に教師からの声掛けがあると子どもは安心します。個別での声掛けと１人の子どもを通して、全体への声掛けを行うことを机間指導では行います。机間巡視における声掛けは教師の大切な指導の１つです。

机間巡視は，子どもと１対１で対話できる絶好の機会。子どもの学ぶ様子を観察し、タイムリーに指導・評価できる場。

だから頻繁に声を掛けた方が良いのです。

机間巡視では，頻繁に声掛けしない

学習指導

のがいいのは…

B 視点

≫ 机間巡視という言葉

先生方は，「机間巡視」という言葉をどれくらい使い，授業中に行っていますでしょうか。これは，先生方の授業スタイルや考え方によると思います。筆者の場合は，一斉授業を基本の授業スタイルにしながら，同じようなルートを歩く机間巡視を頻繁に行い，進めています。先生方の中には，子どもを管理している印象が強くなるからと，「机間指導」という言葉を共通に使っている学校もあるのではないでしょうか。

ここでは，「机間巡視」に絞って考えていきますが，その際，授業形態を踏まえて考えていくことが必要です。昨今，個別最適な学びや協働的な学びがキーワードとなっていますが，まずは一斉学習の場面を想定して，机間巡視の良さとそもそもの目的を考えてみましょう。

≫ 一斉学習における机間巡視

筆者の場合は，「学習問題をノートに書いている時」，「自分の考えを自力で書いている時」，「本時の振り返りを書いている時」の大きく分けて３つの「書く」場面で，机間巡視をしています。この時，教師が意図的にその子自身の良さなどをクラス全体に共有したいと考える時や，発表が苦手な子のために，「いい意見だね」と励ます時などには，声を掛けるメリットは多いなと感じています。ですから，時には筆者も声掛けをします。

しかし，机間巡視中の声掛けは，なるべくしないようにしています。なぜならば，この３つの「書く」場面は，意見の共有をするというよりも，その子が自力で解決しようとしたり，考えを整理しようとしたりする場面であり，教師がその子の理解度や，その子ならではの考えを把握するという目的があるからです。この場面で声を掛けてしまうと，**考えていることに対して意図しないヒントを与えてしまったり，教師が見取りたいことが把握しづらくなってしまったりする可能性があります。**また，個で考えているため，その声掛けが違う子の思考の妨げになります。子どもたちから，「先生，静かにしていてよ」「書こうと思ったのに…」と言われることも多々あります。

机間巡視の声掛けは，グループ学習などの学び合う授業でも同様に可能です。しかし，個別に考える時間を確保し，それぞれの個の考えを，教師がノートをのぞき込んで見て回ることは，一斉授業の書く場面だからこそより効果を発揮するのではないでしょうか。ですから，特に一斉授業において，机間巡視中の子どもたちへの声掛けは，頻繁にしない方がいいのです。

17 機間巡視では，頻繁に声掛けする？

机間巡視の内訳を意識し，細かく回ろう

学習指導

八神先生のアドバイス

では，どうする？

≫ 机間巡視の内訳を考える

机間巡視とは「机の間を視て巡る」と書きます。さて，教師はこの机間巡視中に何を考えているのでしょう。私は以下のことを考えています。

①指示に対する確認	②理解度の把握
③後の授業の組立，展開	④声掛けなどの支援・指導

たとえば，「この写真を見て，何か気付いたことはありますか」という発問に対して，「３つ以上書きましょう」という指示を出したならば，まずは，その指示が子どもに届いているかを確認して回ります。次に，書いている内容を見て，個々の理解度を把握します。そして，子ども同士の考えで，同質，異質なものを頭の中で分類し，その後の授業の組立や展開を考えます。必要に応じて，困っている子どもの机の横について支援と指導を行います。**机間巡視の中に「確認，把握，組立，指導」がある**というのが私の考えですが，一般的に使われる「机間指導」と今回の「机

間巡視」は同義と考えて差し支えありません。

>> 子ども視点の机間巡視

机間巡視の最中に子ども達は何を感じているでしょうか。考えられる肯定的・否定的な意見を以下に示します。

肯定的

・困っていたから，先生のアドバイスで助かった。
・先生が近くにいてくれて安心する。

否定的

・先生がずっと私の近くにいるから，私ができてないことが教室中に知れ渡っちゃう。恥ずかしい。
・今考えてたところなのに，話しかけられて集中力が切れてしまった。

私のお勧めは，「巡視する回数を増やし，個々の進捗状況を把握する」です。ベッタリと机の横につくのではなく，短い言葉で助言などの指導をすることが有効です。

POINT

・机間巡視は「指示の確認，理解度把握，後の授業の組立や展開を考える，困っている子に支援や指導」。
・子ども側の気持ちを考慮し，短い時間の指導を何度か行う。

学習指導

18 子どもも同士でどんどん教え合わせるのがいいのは…なぜ?

A 視点

≫ 学びを自分で掴みにゆく

学校は，教室や教科，時間など平等な教育を受けることができるよう，学習環境は一律にある程度整っています。授業に関しても，教師が決められた学習内容を伝えることで一律に学習が保障されています。ある日の授業後「学校って勉強できるけど，自分の学びたいことが学べたらいいのになあ」とつぶやく子がいました。その理由を聞くと「授業は先生に言われたことをするだけだから」「課題が決められているから」と答えてくれました。子どもたちは「やりたい」よりも「やらされている」という受け身の気持ちが強く，学習は教師が教えてくれるものだという感覚でいます。

本来，学びとは言われたことのみを取り組んだり，与えられたものをこなしたりするものではありません。自分の心の底から「分からないから知りたい。友達の考えも聞きたい。もう一度，考えてみたい」と湧き上がる気持ちから始まります。子どもたちの可能性を広げるために教師がすることは**「教え込む教育ではなく，あえて教えない教育」**

です。教えないとは，放任ではなく見守るという姿勢で子どもが学びを掴みにいくのをサポートすることです。教師が全て教えたり質問に答えたりしていては，子どもたちは疑問をもったり意見を出したりと考えることをやめてしまいます。そうではなく，45分間，頭をフル回転して考えられるように教師自身も一緒に悩みながら考える必要があります。時間はかかるかもしれませんが，疑問に思うことや考えてみたいことがどんどん増え，自然と仲間と学び，生き生きと活動するようになります。続けることで，教師が指示をしなくても自分が学びたいことを学びたい人と学べるようになります。

》教え合う時の３つのルール

- 前向きな言葉を使おう。（いいね，楽しそう，最高）
- あいづちで反応しよう。（ああ，うんうん，おお）
- 感想と質問でつなげよう。（～ってどういうこと？）

３つのルールを事前に確認して取り組ませることで，意欲的に活動を進めることができます。「ダメだよ」ではなく「こう考えたらできるかも」と意見を認める言葉，相手が話している時には笑顔でうなずくと話しやすくなること，聞いたことに対して感じたことや質問をつなげることで気持ち良く教え合うことができるようになります。

18 子ども同士の教え合いは控える

学習指導

のがいいのは…なぜ?

B 視点

>> 正確な情報の伝達の重要性

一般には，子どもが互いに教え合うことで得る学びやコミュニケーションスキルの向上は評価されることが多いですが，別の視点から見ると新しい視野が開かれます。例えば，算数や理科といった知識が正確でないと解答がまるで異なってしまう科目においては，誤った認識や誤解を生む可能性が否応なく高まります。もちろん，子ども同士で教え合う過程にも多くの価値がありますが，**基本的な知識や技能の部分においては，専門的な知識をもつ教師から直接，または適切な方法で学ぶことが何より重要**と言えるでしょう。

学習活動の類型として「習得・活用・探究」があります。子ども同士の教え合いをどの場面で取り組むかにもよりますが，習得の場面においては教師が主導となって知識や技能の伝達をした方が得策でしょう。何より時間が生まれることがメリットです。教えることは教え，考えたり相談させたりする活動に時間を割くことで，学びはより充実したものになるでしょう。

>> 教師の役割と子ども同士の交流のバランス

子ども同士で知識を共有し合うことは，１つの学びの手法として重要な位置を占めています。しかし，それには**バランスが必要**です。子どもが他の子どもに教えることで，自らの知識を整理し，またその過程で深化させることは可能です。その一方で，専門的な知識をもたない子ども同士が情報を交換する場には，誤った情報が拡散するリスクが常につきまとうのです。

ここで，教師の役割が非常に重要になってきます。教師は子ども同士の交流の中で起きる誤解や誤った情報の交流を，即座に修正し，正しい情報を提供する必要があります。例えば，「今日の授業でＡ君がＢ君に説明した部分，素晴らしかった。だけど，この部分だけちょっと違うんだ。正しくはこうだよ」と教師がフォローを入れる。このような瞬間が，子ども同士で教え合う時間には不可欠であると言えるでしょう。

子ども同士で教え合うことが全く無価値であるとするのではなく，**その方法や頻度，そしてどのタイミングで行うかが重要**という視点をもつことが大切であると考えられます。最終的には，教師の指導のもと，子ども同士の対話と教え合いが適切なバランスで行われる場を設定することが，最も効果的な学びの場となることでしょう。

18 子ども同士でどんどん教え合わせる?

学習指導

学びのデザインを意識して教師の「出」を再検討しよう

萩原先生のアドバイス

では，どうする?

>> 授業における教師の役割とは何か

「アクティブラーニング」，「主体的・対話的で深い学び」，「個別最適化」や「協働的な学び」というキーワードが学校でも話題となっていましたし，まさにその最中です。「インプット」で終わり，覚えるという作業が授業なのではなく，「アウトプット」を意識し，「何ができるようになったのか」や「何を学びたいのか」を振り返り，次時につなげていくという学びの過程を大切にしようというのは，おそらく異論がないのではないでしょうか。

授業形態や方法というよりは，このような授業観を大切にしたいと常々感じています。そこで，上記に加えて，「深い学び」になっているかに重点をおいて授業づくりをしています。言い換えれば，**本時のねらいが達成され，（各教科の）本質に向かっていたのか**どうかを意識しています。ですから，教師が教えなくても，「深い学び」になっていればいいのだと考えています。

そのため，少しずつ子どもたち一人一人が自立した学習者となるための学習集団の姿をイメージし，授業デザインを考えていく必要があるでしょう。

>> 状況に応じた授業デザイン

私の場合は,「授業とは何か」「『本質に迫る』とはどういうことか」を,学期始めは全面に出して授業をデザインしています。「本質に迫る問い」「調べ方」「共有の仕方」「振り返り」の流れを子どもたちと共有した上で,少しずつ子どもたち同士に委ねていくようにしています。**単元の中で,単元同士で,教科間で,という枠の中でデザインしていくこと**が教え合いの質を高めていくために必要です。

計画なしでルールを決めての教え合いだけでは,「自分と異質な他者」と学ぶ意味や「自分の学びたいこと」を深く掘り下げる価値にまではなかなかたどりつかないと感じています。A・B,どちらの主張も,教師の支援が授業でも大切であることが書かれており,全くの同感です。ただし,**「教える」ということも立派な支援**です。目の前の子どもたちを見取り,教師の適切な支援を考えながら,授業づくりをしていく必要があるのです。

・授業形態ではなく,「深い学び」になっているかという授業の本質を確認しよう。
・教えることも支援の1つ。教師の支援の仕方を年間計画の中で考え,ブラッシュアップしよう。

子どもの発言は黒板に書く

学習指導

のがいいのは…

視点

>> 子どもの発言を価値あるものとして扱う

学びの場で最も重要なことの１つは，子どもが積極的に参加し，自らの意見や考えを共有することです。そして，その発言や意見が受け入れられ，尊重されることで，子どもの自己肯定感は向上します。**黒板に子どもの発言を書き留める行為は，一人一人の意見が「大切で価値あるものである」というメッセージを子どもに伝える手段**として極めて効果的です。自由に発言できる雰囲気を大切にしながらも，意見に名前を付けるということは若干の責任が伴うことも確認する必要があります。

たとえば，名前マグネットを使用することで，その発言が誰からのものであるかを視覚的に示すことができるため，子どもが自分の意見が受け入れられたことを実感しやすくなります。「素晴らしい意見，田中君。それを黒板に書き留めておこう」と教師が意見を価値づけることも大切です。他の子どももより積極的に意見を述べるなど，話し合い活動が活発になります。

>> 教師の役割としての要約と可視化

教師としての重要な役割の１つは，子どもの発言を正確に理解し，それを要約して他の子どもに伝えることです。全ての発言をそのまま黒板に書き留めることは現実的ではないため，要点を抽出し，要約するスキルが求められます。その際，「つまり，こういうことかな」と発言内容の確認があると丁寧です。

また，黒板への書き込みを通じて，授業の進行中に子どもたちの思考の流れや意見の変遷を可視化することができます。これにより，子ども同士の議論や討論が生まれやすくなります。

教師としては，時には子どもの発言をさらに深化させるための質問を投げかけることも大切です。「吉田さんの意見をもとに，さらに深く考えてみましょう。他にも関連する考えや賛成・反対の意見があれば，教えてください」のように，さらなる議論や問いを提示することで，授業の質を高めることが可能です。合わせて「吉田さんの意見のおかげで深いところまでみんなで考えることができました。本当にありがとう」というフォローまでしておくことで，考えを発表して良かったなと思うことでしょう。

発言を黒板に書くことは，教育の現場でのコミュニケーションを円滑にし，子どもの参加意欲や自己肯定感を向上させる効果的な手段と言えるでしょう。

19

子どもの発言はいちいち黒板に書かない

学習指導

のがいいのは…

B 視点

>> 板書はどのような役割を果たすのか？

板書は教師が一単位時間の学習内容を書くだけのものではありません。教師と子どもの音声による授業のやり取りを視覚的に表現するためにあるものです。ですから，板書は教師と子どもが共に授業をつくっていった結果となります。一目見ただけで一単位時間の授業の流れや身に付けたい学習内容が明確であり，子どもたちとどのように授業をつくっていったのかが分かる板書が理想です。だから，子どもたちは授業中に黒板を見ます。黒板に書いてあることを使って考え，理解を深めようとします。つまり，**板書は子どもにとって一単位時間の学習を理解するための１つの手がかり**なのです。

理解を深めるための板書が，整理されていない子どもの発言を並べられただけだとどうなるでしょうか。子どもはどこを見ていいか分からず，困惑するかもしれません。板書は子どもにとって学ぶために必要な視覚的な情報が詰まった大事なものです。だから，子どもにとって板書において必要なことは「今日の授業で学ばなければならない大切なことは何か」です。

>> 教師は板書で何を大切にするか？

子どもは板書から今日の授業で何が大切なのかを学び取ろうとします。つまり，教師にとって板書で大切にしなければならないことは「子どもに何を学んでほしいか」を明確にすることです。だから子どもの発言を全て書く必要はありません。子どもの発言の中で必要な情報を取捨選択して整理し，板書することが大切です。しかし，授業をする上で，子どもの発言を大切にしなければならないことは当然であり，授業は子どもと共につくっていくことが基本です。一人一人の発言を大切にしていくことは子どもとの信頼関係にもつながります。なので，授業の中で「Ａさんが言いたいことは何かな？」と教師が学級に問い返して，Ａさんの発言を学級でまとめる場を位置づけるなど，**子どもの発言を大切にしながら，大切な言葉だけを板書します。**子どもの発言を大切にし，学ぶ内容を明確にした板書をしていくことが教師にとって大切にしなければならないことです。

子どもの発言は，全て板書するのではなく，必要な情報を教師と子どもが聞き取り，一人一人の意見を大切にしながら最低限，板書することが大切です。

だから，いちいち書かなくていいのです。

学習指導

美味しく，しかし信念をもって

宇都宮先生のアドバイス

では，どうする？

》発言したなら美味しく

まず，A視点の「一人一人の意見が大切で価値あるものであるというメッセージを子どもに伝える」といった部分に深く頷きました。「発表が少ない」と悩む学級でよくありがちなのは，子どもたちにとって発表がネガティブなものとなっていることが多いと僕は考えています。せっかく発表したのに，恥をかかされた・自分の発言を軽く受け流された・間違うと正解するまで尋問タイム…。**これでは，発言を二度としないでしょう**。

授業は教師だけがつくるものではありません。子どもたちとつくりあげるものです。例え，教師が求めている答えでなくても，見当外れの解答だとしても発表したチャレンジャーは美味しくなるべきなのです。

T　なるほど！　Aさんは，そう考えているんだね。さすが１組の切り込み隊長。さあ，２番隊長は？

T　Bくんのおかげでゴール前までボールがきた。まさに三苫。さあ，誰かゴールを決めてくれ！

私の発言で学習が前に進んだ，授業に活気がわいた，一人一人の意見を美味しく大切にしていきたいものです。

>> 板書は信念をもって

しかし，忘れてはならないのはＢ視点の「学ぶ内容を明確にした板書」です。今日の学習は楽しかった，自分の発言も大切にしてくれた，でも結局，今日の学習は何だったんだろう？　となってしまうと元も子もありません。

似た意見が出た時は，すでに書いてある意見を指さし，大いに口頭で認めましょう。目的とそれる発言は，黒板に書かず口頭でチャレンジ精神を称えましょう。

学習を振り返った時にその流れが分かるように，本時のまとめや授業で大切にしたいことに関しては，**精選されるべき**なのです。

子どもの発言は美味しく，しかし板書は信念をもって。それが大切なことだと思います。

POINT

・授業中に発言した子どもが「美味しく」なるように心掛けよう。
・板書に書くものは精選し，学習の流れが分かるようにしよう。

20 習っていない漢字は使わない

学習指導

のがいいのは…

視点

>> 子どもの発達段階を尊重し,学びの道筋を整える

授業中,子どもがまだ習っていない漢字を使わないというのは,一見窮屈に思えるかもしれません。しかし,この考え方にはしっかりとした背景があります。それは,子どもの発達段階を尊重し,彼らの学びの道筋を整えることです。

まず,日本語の漢字は,その意味や形状,音読み・訓読みと,多岐にわたる情報をもっています。特に,初めて学ぶ子どもにとって,その複雑さは挫折をもたらす原因となることが少なくありません。馴染みのない漢字に対しては,大人とは異なる見え方を脳が認識していることもあります。習っていない漢字を頻繁に使うと,理解が難しく,戸惑ってしまう子どもが出てくる可能性が高まります。**より高いレベルの学びを提供したつもりが,かえって学びの障壁になってしまうこともあります。**

教師としては,漢字の学びのプロセスを整えることが求められます。子どもが一つ一つの漢字を確実に理解し,自分のものとして使えるように導くこと。それが,最終的に豊かな言葉の世界を子どもに開かせる鍵となります。

>> 漢字の魅力を伝え，自発的な学びの意欲を喚起する

一方で，漢字学習に対する子どもの興味や意欲は非常に大切です。自主的に新しい漢字を覚えようとする意欲は，教師としては十分に認めるべきです。なぜなら，そのような自発的な学びの姿勢は，将来的にも自ら学び続ける力となるからです。

漢字には，その形や意味に隠された深い物語があります。例えば，教師が「窓の外を見てください。空に虹がかかっています。虹とはこのように書きます。なぜ虫偏があるのでしょうか。それは…」などと，**普段の授業の中で漢字の面白さや背景を伝えることで，子どもの興味を引き出すことができます。**

また，読書活動も漢字学習の一環として非常に有効です。物語の中で新しい漢字に触れることで，自然とその意味や用法を学べるのです。教師の声掛けとして，「この本の中には，みんながまだ知らない面白い漢字がたくさん出てきますよ」などと，読書の魅力を伝えていくことが大切です。

以上のように，「習っていない漢字は使わない」という原則をもつことで，子ども一人一人の学びの質を高め，同時に漢字の魅力や学びの楽しさを伝えることが可能です。

20 習っていない漢字もどんどん使う

学習指導

のがいいのは…

B 視点

>> 漢字学習の最終目的は何か

筆者は，習っていない漢字も読み方を教えた上で，どんどん授業や学級通信で使います。テストや発表で習っていない漢字を使った子にも直させはしません。

６年生を担任していた時の話です。

垂直の「垂」や幕府の「幕」を２学期中旬の国語の時間に学習しました。子どもたちからは，「もう『垂直』なんて使ってるから簡単だな」「社会の時間に『鎌倉幕府』でもう何度も書いているから知っているよ」といった自信に満ちあふれた言葉が出てきました。もし，算数や社会の学習で「すい直」や「ばく府」と書いていたらそれはなかったことでしょう。

すでに習った，習っていない…そんな小さいスケールの話ではなく，**私たちは最終的に小学校で学習する約1000字の漢字を読める，書けるようにすることが大切なのです。**もっと言うと，９年間の義務教育で約2000字の常用漢字を使える子どもたちにしたいのです。そのために，習っていない漢字も積極的に使わせ，身に付けさせることは有効です。今の段階で習っている，習っていないなどということは，最終目的から考えるとナンセンスです。

>> 難しいことが分かるのはかっこいいこと

世代がバレそうですが…幼少期，アニメやゲームの影響で「亀」や「剣」を多くの子が漢字で書けました。今の子にとっては，もしかしたら「鬼滅」や「推し」かもしれません。また，英語や韓国語といった外国の言語を書くのを好む子は今も昔も一定数います。

そう，子どもたちにとって，難しいことが分かるのはかっこいいのです。

「私は，漢字が得意。習っていない難しい字も読める。もしかしたら算数もできるかも。跳び箱もできるかも」…何か１つ得意なことができると，その成功体験を応用して他に広がっていくことは良くあります。教師が「習っていないから」とリミットをかけてはいけません。

むしろリミットなんて取っ払って，「すごいなあ。鬼滅が書けるなら呪術は書ける？」「亀が書けるなら鶴は書ける？」とさらに後押しするべきなのです。

多様な考えを認める時代です。英語や外国語が得意な子がいていいのです。習っていない漢字もすらすら書ける子がいていいのです。きっと，難しいことが分かることで自信が芽生えます。そこで生まれた自信がきっと子どもたちの自己実現につながっていくのではないでしょうか。

20 習っていない漢字は使わない?

子どもはもちろん，教師も漢字を使っていこう

学習指導

吉野先生のアドバイス

では，どうする?

>> 子どもが習っていない漢字を使うのはOK

「習っていない漢字を使わない or 使う」の主語が，教師なのか子どもなのかを分けて考える必要があります。A，Bどちらの主張も，子どもが習っていない漢字を使うことについては肯定的に捉えられていると読み取りました。

これには，賛成です。極端な例にはなりますが，習っていない漢字を子どもが使ってはいけないというルールがあってしまっては，自身の名前すら漢字で書けない場合が出てきます。私の名前で言うと，「祐」という漢字は常用漢字ではありませんので，学校で習いません。もし，先のようなルールがあれば，中学生，高校生になっても「すけ」とひらがなで書くことになります。

また，Bの主張の言葉を借りるならば，リミットをかけないという考えは非常に共感できます。漢字が好きな子どもはどんどん難しい漢字を覚えていったらいいし，算数が好きな子どもが未習の問題に挑戦したっていいのです。**子どもの学びや成長にリミットをかけることは，漢字以外でもしてはいけない**と考えています。

≫ 教師が漢字を多用する

では，教師が主語の方を考えていきましょう。子どもが習っていない漢字を教師が授業や学級通信などで使うという場合です。Aの主張にあるように，未習の漢字を頻繁に使うと戸惑う子どもや理解できない子どもが出てくるという可能性も確かにあります。ですから，極端に難しい漢字（大人でも日常で使わない，読めないような漢字）を使うことは避けた方がいいでしょう。しかし，小学校で学習する漢字や授業に関係のある漢字はどんどん使っていって構わない，むしろ使っていく方が良いと考えています。

野口芳宏先生は，子どもの漢字力を高めるための実践法の１つとして，著書の中で**「常に漢字を教師が多用する」**と書かれています＊。また続けて，「目の網膜に，幾度も幾度も，漢字の字形を，自覚的に焼き付ける」とも書かれています。

私は，子どもが学習していない漢字でも授業や通信などで使うようにしています。日常的に様々な漢字を目にすることで，子どもの漢字力の高まりが期待できるからです。

＊野口芳宏『野口流・国語学力形成法』明治図書出版，1998年，pp.68-69

・子どもが未習の漢字を使うことは認め，肯定しよう。
・教師もどんどん漢字を使っていこう。

21

分からなければ答えを写させる

学習指導

のがいいのは…

視点

>> 答えを写すことは，上達の近道

分からないことは，悪いことなのでしょうか。

- ・解き方の分からない宿題
- ・周りのみんなはどんどん進んでいく算数習熟の時間
- ・自力解決という名の苦痛の時間

子どもによっては学習内容が理解できず，見通しももてず，途方に暮れる時間があります。

検討がつかないのだから時間をかけても成果は変わりません。ならば，その時間に答えを写し，理解しようとすることは大いにアリなのです。

そもそも，書写の学習ではお手本を見ながら書きます。

体育の学習では，動画を見て体の使い方をイメージします。**体を動かすような学習だと，答えを熱心に見ることや真似ることがむしろ素晴らしいこととされるのに対し，なぜか問題となると，自力で解かなければならないという価値観が広がっているように感じます。**

カーナビは行き先が分かるからこそあらゆるルートを検索することができるのです。答えは，ナビで言うところの目的地。行き先を見て，その道順を辿ることは大切です。

>> 答えを写すことは，将来の学び方の練習

遅かれ早かれ，人はどこかのタイミングで，自分１人で学ぶタイミングがやってきます。それが受験勉強かもしれませんし，大人になってからの資格取得や仕事に必要な準備かもしれません。

私自身も受験生時代に問題集に何度も取り組みました。「問題を問いてみる→答えが分からないので解答ページを見る→理解する」といったプロセスを何十回何百回と繰り返しました。なぜなら，その学習法が効果的だからです。

「今分かった問題は明日も分かる可能性が高い」し，「今分からなかった問題は何もしなければ明日も分からない」のです。放課後や休日だと，教師に質問することはできません。解答をじっくり見て，理解するといった自習しか方法はないのです。大人になってからの学習だと，受験よりももっとニッチな内容になるので聞ける人はグンと減ります。答えを見て自分で学習するしかないのです。

答えを写す指導の有無よりもむしろ「分かったつもりの自分」「分かっているフリの見栄」を指導すべきなのです。私たち教師は，子どもたちをいつまでも見守り続けることはできません。自習できる，目的に対して自分で作戦を練られる人に育てるために，答えを写す指導をしましょう。

21

分からなければ答えを写させる？

自分で最後まで考えさせる のがいいのは…なぜ？

学習指導

B 視点

≫ やり抜く力をきたえる

世の中に出た時，答えのある問題はどのくらいあるでしょうか。今の時代，すぐに答えの見つかるものはAIやロボットが人間の代わりにほとんど作業してくれています。今後は，さらに加速し，ほとんどの仕事が奪われるのではないかとまで言われています。人間にしかできないことの１つとして，答えのない問題に対して，物事の本質を見極めたり想像したりしながら解決していくことが考えられます。また，**失敗をしても，原因を考え，問題を発見し，解決するまでやり抜く力はいつの時代でも必要**となります。

子どもたちの中には，分からない問題が出た時に，すぐに答えを見ないと不安になってしまう子が多くいます。その理由として，考えることが面倒くさい，早く終わらせたいという焦りが多いようです。答えを見ることで表面上の理解はできます。しかし，解き方が説明できなかったり，テストでは点数が取れなかったりと成果に結び付かず落ち込んでしまう場面も見受けられます。正解・不正解にこだわるのではなく，そこに至るまでの過程を大切にすることこそが学びの本質です。最初は時間がかかるかもしれませんが，日々やり抜く力を少しずつきたえることで，自分で答えを導き出す習慣を身に付けることができます。

>> 学びの地図を広げる

粘り強く取り組ませるには，教師の働きかけと向き合う時間が非常に重要です。**目先の結果に捉われるのではなく，数年先の成長を見据えた指導**も大切です。それらを意識した上で，励ましの言葉を掛け続けると，子どもたちは，自分だけの学びの地図をどんどん広げていくことができます。以下は，子どもとの会話例です。

C　先生，この問題が分かりません。どうしたら…。

T　分からないことをそのままにせず分かるまで挑戦しようとする姿勢がすばらしい。教科書や昨日までのノートを見て確認してみよう。時間がかかっても大丈夫です。じっくり考えてみてくださいね。

C　はい。この方法なら解けるかもしれない。できた！

T　よく頑張りましたね。最後まで考えて解き進めた経験は，きっと今後の役に立ち，成果に結びつきます。新しい知識を手に入れただけでなく，学び方も広げることができましたね。次も期待しています。

21 分からなければ答えを写させる？

学習指導

解法写しから，自力解決の道順で指導しよう

八神先生のアドバイス

では，どうする？

>> 発想を転換させる魔法の言葉

日本の子どもの自己肯定感の低さが度々メディアに取り上げられます。学校においては，「問題が解けない，分からない」という状況が，自己肯定感の低下を招く一端であると考えられるのではないでしょうか。

A視点のように，「答えを写しながら理解する」ことで，この問題を解決の一歩となるでしょう。しかし，多くの子どもは「答えは写すものではない。それはズルいことだ」と認識しています。そこで，私は彼らの発想を転換させるために，以下のように言います。

> 答えを写すのも勉強法の１つです。

解き方を知り，真似することで，徐々に解法を会得していきます。やがて類題が解けるようになるでしょう。このような経験は自信となります。何より，**手と頭を動かして頑張っているという自身の姿が自己肯定感の高まりにつながることでしょう。**

≫ 自力解決は自身を高める

Ｂ視点にあるように，やり抜く力をきたえるためには自力解決の工程が不可欠です。難問であるほど，スムーズに正答を導き出すことはできません。「あれでもない，これでもない」とつぶやきながら，諦めずに粘ったり，工夫を凝らしたりする必要があります。その分，正答できた喜びはひとしおですし，記憶にも残りやすいことでしょう。

ただし，解法がまったく思い浮かばない状況での自力解決の無理強いは，子どもにとって地獄です。そこで，Ａ視点とＢ視点の組み合わせ，理想は先にＡ視点を，そして基礎的な力がつけば，Ｂ視点の自力解決へ向かう。この順番が学びをより促進させ，「自分でも，やればできるんだ！」という**根拠のある自信がわき起こり，机上の学習だけでなく，学校行事や人間関係でも活躍する子どもへと成長していくことでしょう。**

POINT

・頑張れる自分に出会うきっかけとして，答えを写す方法は有効。
・解法写しから自力解決の指導で，根拠のある自信がわき起こる。

22 ノートや作品に朱書きは必要

学習指導

なのは…

視点

>> 教師の評価と言葉の力

教師は学びのプロセスの中で評価者としての役割をもっています。この評価を形にして伝えることで，子どもが自らの成果や努力を振り返ることができます。口から耳へ伝える評価方法も大切ですが，ここは朱書きコメントにこだわりたいと思います。**「一字千金」というように，文字（筆跡）や文章（表現）には力があります。**教師の一言のコメントや評価は，子どもの学びや成長にとって非常に大きな影響をもち得るものです。文字であれば，作品を持ち帰った際に，保護者の目にも届くことでしょう。

また，ノートや作品に具体的なコメントや評価を書くことで，子どもは何を良くして，何を改善すれば良いのかを具体的に理解することができます。

例えば，教師が子どもの作品に「動物の手足が生き生きと描けています。サバンナの背景の様子も知りたくなりました」のような朱書きをすることで，具体的にほめながらアドバイスを送ることができます。

≫ 朱書きに込められた思いと正の連鎖

朱書きやコメントは，ただの評価や指摘ではありません。それは，子どもの努力や工夫を認める教師の気持ちの表れでもあります。人は認められることで，やる気を感じ，さらなる努力をすることができます。

たとえば，子どもが初めて自らの力で自転車に乗れた時，親や教師が「よくできた！」「すごいね！」と声を掛けることで，その喜びや達成感は倍増します。このように，教師のコメントや朱書きは，子どもが「認められた」「評価された」と感じる大切な手段となります。子どもにとっては，何時間もかけて仕上げた魂の作品です。どのように評価されるのか本人は大変関心があります。大いに認めてあげたいものです。**自分の作品をほめてもらえた経験から，他の友達の作品もほめることにつながる**きっかけにもなり，正の連鎖が生まれます。

また，子どもの中には，自分の力で何かを成し遂げた時の喜びや誇りを感じることが難しい子もいます。そういった子どもにとって，教師の具体的なコメントや評価は，自分の努力が無駄ではなかったと感じる大切な瞬間となります。

結論として，ノートや作品に朱書きやコメントをすることは，子どもの学びや成長を促進するだけでなく，教師と子ども，子どもと子どもの間の信頼関係を築くための大切な手段となります。

22 ノートや作品に朱書きは必要？

ノートや作品に朱書きは不要

学習指導

なのは…

B 視点

>> 働き方改革の観点から考える

文部科学省は，学校における働き方改革を推進しようとしています。その目的は，「教師のこれまでの働き方を見直し，自らの授業を磨くとともに，その人間性や創造性を高め，子供たちに対して効果的な教育活動を行うことができるようにすること」です。つまり働き方改革というのは，**子どもたちに対して効果的な教育活動をするため**に進めるべきなのです。

また，中教審答申の中では，「学習評価や成績処理」は，「教師の業務だが，負担軽減が可能な業務」として挙げられています。このことから，学習評価の１つである「朱書きのコメント」はなくてもいい（回数を減らしても良い）のです。

コメントがあった方が，子どものやる気を引き出すことができたり，指導の効果が高まったりすることも多々あります。けれども，それをすることによって本来の業務である授業が疎かになってしまったり，子どもとの対面での関わりが減ってしまったりしては本末転倒です。

>> 評価や価値観の押し付けになる可能性

このテーマの１つである「図工の作品への朱書きコメント」について述べます。

図工の作品に教師がコメントすることは，良い面ももちろんあります。子どもの意欲を掻き立て，技能を伸ばしたり，表現の幅を広げたりすることができるからです。

しかしながら，コメントすることによるマイナス面もあるのではないでしょうか。例えば，「この部分の色使いがいいね！」とコメントで書いた場合，それは教師からの肯定的な評価になり，子どもによっては「そうした方がいい」「それが先生の求めるものだ」となってしまう可能性があります。コメントする側にそういった意図がなかったとしても，受け取る子どもたちがそう受け取ってしまうかもしれません。そうなると，**教師が思う『正解』**に近づけようとする意識が働いてしまいます。

ある程度の技術や技法は教えるにしても，作品自体の出来は，それを作ったり，描いたりした子どもの満足度にも委ねたい部分があります。「僕はこれを描いたぞ！」「私はこんな上手にできたんだよ！」というように自信をもって言えるのも図工という教科の良さです。そういった気持ちが，他の部分や教科でも自分の良さを伸ばしていける素地になっていくはずです。

ここまで図工について述べましたが，他の場面でも朱書きのコメントをすることによる，教師の評価や価値観を与えてしまうデメリットは同様に考えられます。

22 ノートや作品に朱書きは必要？

子どもの成長を願って，言葉を伝えよう

学習指導

稲垣先生のアドバイス

では，どうする？

≫ 目的をもって必要な時は朱書きしよう

朱書きの目的

・評価として書く。

・努力や工夫，応援の意味を込めて書く。等

読者の先生方も，上記のような目的で朱書きをするのではないでしょうか。子どもは，自分が書いたものに対して教師がどのようなコメントをするのかを楽しみにしています。子どもは，自分が一生懸命取り組んだことに対する評価や言葉に期待します。朱書きに限らず，教師からの言葉の影響は大きいです。だからこそ，朱書きという手段で子どもに何かを伝えるのであれば，**何のために書くのかを明確に**する必要があります。もっとこうした方がいいというアドバイスや成果を認めるコメントなどによって，子どもは次の学習活動への意欲や見通しをもつことができます。また，先生が自分を見てくれているという安心感にもつながります。教師からの言葉は子どもの成長を促進するだけ

でなく，信頼関係を築くことにもつながります。

≫ 掲示のための朱書きはやめよう

教室後方に掲示された子どもたちのプリントに，教師からのあたたかな言葉が書かれているのを目にします。あたたかな言葉に，きっと子どもたちもやる気を出したり，嬉しい気持ちになったりするでしょう。しかし，子どもは教師からのコメントを読んでいるのでしょうか。教室掲示のために，朱書きを入れているということはないでしょうか。もしそうだとするならば，全く意味のないことです。子どものプリントや作品に朱書きを入れるということは，そこに必ず教師の意図があり，あえて文字にして残す目的があるはずです。言葉を厳選し，子どもの成長を願って言葉を綴ります。教師からの言葉をどう受け止めるかを決めるのは子どもです。価値観を押し付けてしまう可能性もあります。だからこそ，目的をもち，言葉を選んで朱書きをします。**子どもの成長を願い，受け止める子どもの思いに立って朱書き**をします。伝える手段は朱書き以外にもあります。

POINT

- 子どもの成長を願って，目的をもって意味のある朱書きをしよう。
- 意味のない朱書きはやめよう。あえて文字にして残すことの意味を考えて朱書きしよう。

漢字テストは事前に範囲を示して解かせておく

学習指導（教科）

のがいいのは…

A 視点

≫ 漢字テストのねらい

漢字テストを行うねらいとは何でしょうか。筆者の場合，以下の６点の目的をもって行うようにしています。

①漢字が読めたり，書けたりしているかどうかを自分で把握できるようにする。
②計画的に自分で学習する習慣をつける。
③学習習慣自体を自ら振り返り，その積み重ねをメタ認知する機会とする。
④「できるようになった！」という実感をもたせ，自己肯定感を高める。
⑤学校の学びと家庭の学びを結び付けられるようにする。
⑥他の学習にも学び方の応用が利くようにする。

つまり，漢字テストをきっかけにして，子どもたちの自主的な家庭学習の質を高め，笑顔を見られる瞬間を増やしたいという思いがあります。

そのため，自分の学習のスタートとして，テスト自体を事前に伝え，解いてから本番に臨んでもらうというやり方は良いと考えています。学校で学習する場合は，教師が支援をしながら進めることができますが，そこが難しい家庭での学習は，より丁寧にやり方を仕込んでおく必要があるでしょう。「テストを事前に解いて自信をもつ」ということから，高得点をクラスの全員が取れれば，家庭での学習にも意欲的に取り組めるようになっていくでしょう。この成功体験をきっかけとして，少しずつテストに向けての学習のレベルが上がるように仕組んでいくと良いのです。

>> テストに向けた準備の形を身に付ける

ゴールは，テストに向けての準備の自分なりの形を身に付けることです。そこに向けて，少しずつ教師が手を放し，自分で用意できるようにしていく必要があります。例えば，「範囲を決めて学習し，どこまでできるかを確かめてからテストに臨む」「漢字ドリルにある例文を書けるようにする」「自分の苦手な漢字を点検し，その漢字だけができているかを練習する」などの方法です。このような方法は個人差があるため，時にはどんなやり方で練習しているかを子どもたちの中で共有する時間を取り，自分で選んでいくようにする方法もあるでしょう。この「選ぶ」という自主的な行動に至るためには，基本となるやり方や前向きな心が必要になります。そのために，事前にテストを解いておくのも１つの方法です。

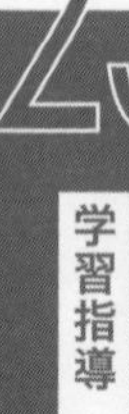

漢字テストは事前に範囲を示して解かせておく？

漢字テストは範囲を限定して示さない

学習指導（教科）

のがいいのは…

B 視点

>> 漢字テストにおける未知との出会い

「分からない」ことに遭遇する。これは学びの一環であり，漢字テストも例外ではありません。**「分からなさの自覚」は，学びの原動力を生む大切な要素です。**もしも漢字テストの範囲が限定され，その範囲だけを勉強する形になると，テストは「ただの作業」となり，漢字の習得・活用というより，記憶力を測定するものになってしまいます。テスト中に悩んだり，閃いたりする瞬間に出会う機会を失う可能性があります。時には実力を出せずに悔しい思いをすることもあるでしょう。そのような時こそ，ことわざで言う「七転び八起き」の精神が必要です。思った点数を取ることができなかった時，子どもがどう向き合うかを大人がサポートし，その経験を通して彼らの学びの土台を築くのです。漢字の習得・活用能力をより向上させるには，自ら調べ，学ぶ機会を設けることが肝要です。

例えば，教師が「今回のテストで“錦”という漢字が出るよ。これは，“錦上添花”という熟語に使われるんだよ。調べてみてね」とヒントを出します。これがきっかけとなり，子どもたちは自主的に辞書を引く姿勢をもつかもしれません。彼らが自らの力で新しい漢字や熟語と出合い，それを理解する過程は，単なる知識の蓄積以上の価値があります。

≫ テストの喜びはその先に

テストの範囲を示さず，ランダムな漢字や熟語が出題される場面。それは，一見すると「難しい」と感じるかもしれません。しかし，このアプローチには，子どもが漢字の奥深さや使用法の多様性を知る機会が広がります。例えば，**同じ漢字を使った異なる熟語や，異なる意味としての使用法などを問うことで，子どもの語彙力や言語感覚を豊かにする道が開かれます。**

また，テストの範囲が限られず，予測がつかないことには「やりがい」の種が植えられます。全ての漢字が範囲となるテストで高得点を取る。この達成感は，限られた範囲で得られるものとは一味も二味も違います。これらは，子どもにとっての「挑戦」であり，これが自信へとつながり，学びのモチベーションを高める要因となりえます。教師が「君がこの難しい漢字を書けたのは，日ごろの努力の賜物だね。この調子でどんどん新しい漢字にも挑戦していこう！」と声を掛けることで，子どもは新しい挑戦を恐れず，前向きな姿勢をもち続けることでしょう。

23 漢字テストは事前に範囲を示して解かせておく？

できるという自信をもって漢字テストに挑戦しよう

学習指導（教科）

加藤先生のアドバイス

では，どうする？

>> できるという自信をもたせる

漢字テストのねらいは，できるという自信をもつことです。もともと，漢字が得意な子や自主的に取り組める子は良いのですが，苦手な子にとっては「どうせできない」と最初から諦めている場合もあります。これは，今まで成功体験よりも失敗の方が多いためです。

どの子にも自信をつけるためには，漢字学習の仕方や事前に範囲を示すことが必要です。そうすることで，安心してテストを受けることができます。また，ドリルの点検や小テスト，漢字クイズなど授業の中でも楽しく取り組むことにより少しずつ高得点を取ることができます。「できる」という経験を積めば積むほど「やればできるかもしれない」という気持ちが芽生えてきます。もちろん，テストだから範囲を示すのは良くないという意見もあるでしょう。しかし，まずは「漢字が好き」「もっと知りたい」という意欲を高めて子どもの心に火をつけることが何よりも大切です。

>> 挑戦できる心を育てる

漢字に対して，前向きに取り組めるようになったら，いよいよ範囲を限定して示さずに取り組ませます。子どもたちは「できるかなぁ…」と言いつつも，挑戦心であふれています。テストまでに友達同士で問題を出し合ったり，休み時間に今までの小テストを振り返ったりとテストに対しての取り組み方も向上心をもって進める子が多くいます。テスト返却の際には，今までと明らかに気持ちが変化していることが分かります。「悔しいから再テストさせてください」「どうしたら，漢字を覚えられますか」とできるまで何度も挑戦したり，習得方法を考えたりする子が増えます。中には，再テストの時に，テスト問題の漢字を使った熟語まで書き込む子もいます。

このように「分からない・やりたくない」ということに対して，範囲を示して自信をもたせることにより，数ヶ月後には「挑戦してみる！　できるかも！」と主体的に取り組むようになります。

POINT

- 「できた！」という実感をもたせるために，範囲を限定してあらゆる場面で漢字の楽しさを実感させる。
- 自信をもてるようになったら，挑戦する喜びへとつなげる。

24

理科の実験結果は事前に予習させる

学習指導（教科）

のがいいのは…

視点

》実験とはそもそも何か

T　二酸化炭素で満たされた集気ビンに石灰水を入れてみるとどうなるか，試してみよう。

C　白くにごります。

上のように，実験の答えを知っている子どもは少なくありません。授業をしていて教師は困ってしまうかもしれませんが，それは教師側の認識の間違いであり，むしろ積極的に実験結果を予習させるべきなのです。そもそも実験とは何なのでしょう。『三省堂　現代学習国語辞典』によると，実験とは「わからないことを実際にやってみること」に加え「理論として考えられたことを実際にやってみてたしかめること」とあります。

小学校の学習で行う実験とは，この「たしかめること」を実証するために行うものでしょう。石灰水が白くにごることは，既知の事実であり，白くにごることを事前に知った上で実験を行うのです。活動の中で白くにごらないのであれば，「集気ビンから二酸化炭素が漏れているのかも」

「石灰水の状態が悪いのかも」といった仮説をたてることができます。これらの活動がまさに，小学校理科の目標の２つ目である「観察，実験などを行い，問題解決の力を養う。」ことに役立つであろうと考えています。

≫ 理科や算数はむしろ答えまでの過程が大切

また似た問題として，台形の公式が「(上底＋下底) ×高さ÷２」であることをすでに知っている，といった，算数ですでに予習している問題もあります。

大切なことは，その台形の公式を知ることだけでなく，「台形を２つ組み合わせて大きな平行四辺形とし，その面積から÷２する」といった台形の公式に行き着くまでの考え方です。

なので，本時の活動としては「台形の面積が，(上底＋下底) ×高さ÷２であることを説明しよう」という目標でいいのです。すでに既知の事実であることをゴールとしてぼかすのでなく，そのゴールまでの道のりを学習目標にするのです。

私たちが生きる社会には，「世界が平和になるためには」「日本の食料自給率を上げるためには」といった明確な答えのない，また，答えの見えにくい問いが多く存在します。理科や算数はたくさんある教科の中で，既知の事実の割合が多い教科です。だからこそ**答えを最初に提示し，その思考や実験の過程をむしろ大切にすることが子どもの成長につながる**のではないでしょうか。

24 理科の実験結果は事前に予習させる？

理科の実験結果は事前に知らせない

学習指導（教科）

のがいいのは…なぜ？

B 視点

》科学の魔法を感じる，発見の喜び

旅の醍醐味は目的地にたどり着くことではなく，途中での発見にあると言われることがあります。この言葉は，科学実験の本質にも通じるものがあります。実験とは，未知の結果を探求する旅のようなもの。その結果を早く知ってしまうと，実験の途中での発見や驚きの感動が薄れてしまうこともあります。

科学の不思議を味わわせるためには，予測と結果の間のギャップを体感することが大切です。例えば，物体が浮かぶか沈むかの実験を行う場面を考えてみましょう。ここで，教師の声掛けとして「この軽石は水に沈むと思いますか？」と問いかけることで，子どもは自らの予想と実際の結果の間に生じる驚きや発見をより深く感じることができます。

》予想と結果の中で，論理的思考を育む

人は，未知のものや現象に対して，自らの経験や知識を基に予測を立てます。この予測の過程は，科学的思考や論

理的思考を養う絶好のチャンスです。実験前には，子どもに既習知識から予想を立てさせることで，その思考プロセスを促進することができます。このプロセスを言語化させることでさらなる深化が期待されるので，ミニホワイトボードで自由に考えをまとめさせたり，発表させたりするなどしても良いかもしれません。

そして，実験の結果が出た後，なぜそのような結果になったのかを考える活動は，理論と実践の間のギャップを埋めるための重要なステップとなります。ここで，教師の声掛けとして「予想と違った結果になった人もいましたね。どうしてこの結果になったのでしょう？」と問うことで，子どもたちの論理的な思考や仮説検証の能力を養うことができます。

また，日常の中にも多くの「実験」が隠れています。雨傘の素材はナイロンで手触りはつるつるですね。これが布だとなぜだめなのだろうか，１日の14時が最高気温だが最低気温は何時なのだろうか，なぜ虹はアーチ状なのか。これらの疑問をもち，それを実際に体験したり実験したりすることで，子どもは自らの経験を通じて学ぶことの大切さを理解することができます。

結論として，実験前に結果を知らないことで，子どもたちは科学の不思議や発見の喜びを感じ，その経験を通じて論理的な思考や仮説検証の能力を育むことができるのです。

24

理科の実験結果は事前に予習させる？

理科の授業における実験のねらいをはっきりさせよう

学習指導（教科）

萩原先生のアドバイス

では，どうする？

>> 「知っていること」と「理解していること」

理科の授業に限らず，「知っている！」「見たことある！」などの子どもたちの素直な反応に困っている先生方は多いのではないでしょうか。「塾で習った！」と話題になり，盛り上がる場面も…。算数の公式，社会科の社会事象，国語の漢字など，授業でまだ既習事項となっていないことを得意気に表出し，その後の学習に正面から向かわない態度というのは，本当にもったいないことです。

ただ，冷静に考えてみれば，大人もそうであるように，「知っていること」に一人一人違いがあるのは当たり前です。「知っている」ことを増やす「クイズ王」「雑学王」ではなく，問題解決学習が目指されているのは，各教科の本質を学び，「理解する」ことに授業のねらいがあるからではないでしょうか。ですから，理科の実験においても，**「知っていること」に価値があるのではなく，「なぜそのような結果になったのか」という過程を「理解する」というねらいをしっかりと共有しておく**必要があります。そうすると，実験の結果が個人で，または班ごとに異なったとしても，その過程に目が向き，「○○だったから」という理由が導き出せるような学習集団になっていくでしょう。そこにこそ，大きな意味があるのではないでしょうか。

>>「仮説」と「検証」を大切にする実験

科学的に分析する力を小学生からつけていくために，「仮説」を立てる力を大切にしていく必要があります。教科書のまとめのページにそのまま記述していない，子どもたちの中で疑問に思っていることや理科の本質に迫るための問いの大切さを共有しておく必要があります。これは，実験を行った上で出てくるのかもしれませんし，普段の生活の中での予想と反することや子どもによって捉えの違うものもあると思います。このような問いを解決する実験であれば，「検証」へと向かうようになるでしょう。そのため，時には結果の相違や疑問が出るような環境の工夫を仕掛けておくことも１つの手でしょう。

このように，何をねらって実験をするのかを教師がはっきりとさせておくことが必要なのです。

・「理解すること」が理科の実験では大事なのだということを，授業を通して共有しておこう。
・疑問やズレを見出し，それを解決するような実験を計画し，「検証」することの価値づけをしよう。

図工では子どもに自由に描かせる

学習指導(教科)

のがいいのは…

視点

>> 上手な子ではなく思いを表現できる子を育てる

教室背面の図工の作品に違和感をもったことはないでしょうか。構図も色合いも似ている作品は，教師の指導力を物語っています。きっと綿密に計画をし，きめ細やかな指導を行い，全員が同じ技法を習得できるようにしたのでしょう。教師の言う通りに進めることで，子どもたちの技能は確実に向上します。しかし，子どもたちは「表現したい」という思いや創り出す喜びを味わえているでしょうか。また，創造的に発想や構想ができるようになっているのかにも疑問が残ります。なぜなら，**絵が上手な子を育てたいのではなく，自らの思いを絵に表せる子を育てていきたい**からです。学習指導要領でも次のように述べられています。

> 活動の全過程を通して児童が実現した思いを大切にしながら活動できるようにし，自分のよさや可能性を見いだし，楽しく豊かな生活を創造しようとする態度を養うようにすること。

「○○しなさい」という教師主導ではなく「○○したい」という子ども主体にしていくためにも，自由に絵を描かせる必要があります。

>> 自由に表現するための３つの間

自由だからとはいえ，勝手に取り組ませれば良い，何をやっても良いというわけではありません。中には「どうやって描いたら良いのか分からない」「どこから始めて良いか分からない」と不安になる子もいます。そこで，学習に入る前に様々な遊びを通して楽しむ経験を積ませます。その経験を積めば積むほど「○○したい」という思いが増えてきます。

その時に大切なことが**「空間・時間・仲間」の３つの間**です。教室の空いている場所に身近な材料や用具を置き，自由に遊べる空間をつくります。朝や休み時間，昼食後などいつでも遊んでよいことも伝えます。すると，子どもたちは思いっきり遊び始めます。絵の具を綿棒や歯ブラシ，ティッシュ，スポンジなどあらゆるものを使って絵に表します。一通り楽しんだ後，画用紙を見て「これって，○○みたいだね」「○○にも見えてきた」と友達と楽しそうに話す子もいます。自分では思いつかないアイデアを仲間からもらうことができます。

このように，３つの間を意識して，環境をつくり出すことで，「やりたい」という自らの思いをもって自由にのびのびと学習に臨むことができます。

25 図工では子どもに自由に描かせる？

図工では教師が手本を示すのがいいのは…なぜ？

学習指導（教科）

B 視点

>> 手本は創造の種火となる

図工のような創造的な活動においては，ゼロから何かを生み出すことに困難さを抱える子どもは多いです。そのため，はじめの一歩としてモデルや手本を示すことは非常に有効な手段と言えるでしょう。

教科書の見本やインターネットの画像検索を利用して，具体的なイメージを子どもにもたせることで，彼らの創作活動に方向性を与え，新しいアイデアや発想を生み出す手助けとなります。このような手法は，**子どもが図工の楽しさを実感し，自分自身の創造力を信じるきっかけともなり得ます。**時折，「俺，絵が下手だから」と自分の作品に自信をもてない子どもに出会うことがあります。そのような時は「そうかなあ。先生は○○さんの絵が好きですよ。ライオンのたてがみが大きく描けていていいなあ」と，まずは技術面の指導や評価をするよりも教師が肯定的な言葉を投げかけることで，徐々に子どもの心も上向きになっていきます。

>> 模倣から独自性へ

一方で，手本やモデルを示すことが，「真似をしてはいけない」という誤解を生むこともあるかもしれません。しかし，ここで大切なのは，手本はあくまで「参考」であるということ。**真似をすること自体は悪ではなく，それをもとに更なる発展や独自性を追求することが重要です。**

教師の声掛け例として，「良いと思ったところはどんどん真似してごらん」「真似をするって大切なことなのですよ」といった言葉を掛けることで，子どもに模倣の大切さとそれを超える創造の楽しさを伝えることができます。そこで，互いに経過作品を見合う時間を意図的に設けましょう。多少のインスピレーションを受け，仲間の工夫を自身の作品へと取り入れる子が出てくることと思います。

また，画家や彫刻家などの芸術家が，巨匠の作品を学びながら独自のスタイルを確立してきた歴史も共有することで，子どもの理解を深める手助けとなるでしょう。

できることであれば，指導者である教師自身が手本作品を作ったり，授業の中で教師も制作するなどの姿勢を見せたりすることは子どもにとって新鮮で，大変な刺激となります。

結論として，手本を示すことは図工の授業において非常に有効な手段であり，その上で子ども一人一人の独自性や創造力を育む指導が求められます。

25 図工では子どもに自由に描かせる？

模倣しながら自己表現できる子に

学習指導（教科）

宇都宮先生のアドバイス

では，どうする？

≫ 一旦，作品至上主義を見直しませんか

もうすぐ参観授業だから後ろに掲示物でも。次の月になったし，図工で何の作品を作ろうか。昨年の６年生は○○の絵を描いていたから今年も。

気持ちはとても分かります。ただ，この作品至上主義を見直さなければならないと僕は強く感じています。図画工作科の時数は少ないです。高学年なら年間たったの50時間。10時間を超える大作を学期に一度作ると，もう年間時数のほとんどを使ってしまうことになります。

学習指導要領にも，作品づくりといった表現でなく「造形活動」といった言葉が多く使われています。**作品を作ることではなく，作品づくりを通して変容する子どもたちの造形的な視点や豊かな情操を培うことが目標なのです。**その点において，僕の考えはＡ視点にもあった「絵が上手な子を育てたいのではなく，自らの思いを絵に表せる子を育てていきたい」という意見と近いかもしれません。作りたいものを作るだけでなく，材料から発想を広げる活動も重視していきたいものです。

≫ 模倣しながら自己表現できる子に

建前は置いといて，手本の必要性の話でした。これに関しては**導入段階での「こういうものを作りなさい」という手本には反対ですが，「今日はこういう活動をしましょうね」という提示には賛成**です。

B視点では，「模倣の大切さとそれを超える想像の楽しさ」といった意見がありました。まさにその通りで，現在あふれている商品も，過去の優れた芸術家も，模倣とそれを超えるオリジナリティを繰り返して文化は培われてきたでしょう。

学校においても，算数で多様な解法を知ること，国語で友達の問いを知ることは子どもたちを育てます。子どもたち同士で見て回る時間を取りながら友達の作品を鑑賞する。そして，また自分の活動に返る。そういった繰り返しをしながら，造形活動に取り組んでいきたいですね。

そのために，活動内容を知る手本の提示は，時に必要だと考えます。

POINT

- 今日の活動内容を知るための手本の提示は時に必要。
- 模倣しながら，自分が表現したいものを表現できる子に育てていきたい。

休み時間は子どもと一緒に遊ぶ

その他の指導

のがいいのは…

A 視点

》子どもにとって休み時間とは?

「先生,一緒に遊ぼう!」と言われたことがある教師は多いのではないでしょうか。休み時間は宿題を見たり,次の授業の準備をしたり,教師は多忙です。正直,遊んでいる時間などありません。しかし,子どもにとって休み時間は身体を動かしたり,読書したり,友達と過ごしたりできる大切な時間です。その時間の中で,教師と遊ぼうと考える子どもは教師に何を求めているのでしょうか。

ドッジボールの速い球を受けてみたい,鬼ごっこで先生から逃げ切りたい,先生と好きなことについての話がしたいなど,様々な理由があります。**子どもにとって教師は学校における一番身近な大人であり,憧れであり,知りたい存在**です。「もっと知りたい,仲良くなりたい,遊びたい」という純粋な思いで教師を遊びに誘ってくれるのです。遊びに誘ってくれる子どもたちはなんて素敵な心の持ち主でしょうか。また,遊びに誘われる教師も,日頃から子どもたちで真剣に向き合っているからこそ,気軽に子どもたちが教師を誘える関係であり,子どもたちとの信頼関係を築けている証拠です。

>> 休み時間からどんな子どもの様子が掴めるか？

休み時間に子どもと遊ぶから信頼関係が築けるのか，誘われない教師は信頼がないのか，ということではありません。しかし，休み時間に子どもと遊ぶことは子ども理解につながります。誰がリーダーシップをとっているのか，ルールに対してどのような反応をしているか，誰と誰がどのような関係なのかなど，授業の中では掴めない様子が休み時間に掴めます。

教師は，常に子どもを理解しようと努めます。**子どもに関心を向け，様々な表情や行動から子どもの様子を掴み，理解しようとする姿勢が大事**です。子どもは「先生は私たちと一緒に活動してくれる」と感じるとともに，そのことは保護者にも伝わります。「共に活動し，支えてくれる教師」は信頼されます。休み時間に子どもと一緒に遊ぶことで，子ども理解のきっかけが掴め，子どもや保護者からの信頼につながります。また，安全面への配慮という点で子どもを見守るという意味もあります。休み時間には子どもと遊び，見守ることは教師の仕事の１つです。

休み時間は，子ども理解の貴重な時間。子どもの情報と信頼を得るためにも子どもと共に遊ぶ時間は必要。

だから，子どもと一緒に遊んだ方がいいのです。

26 休み時間は子どもと一緒に遊ばないのがいいのは…なぜ？

その他の指導

B 視点

›› 教師の過ごし方で醸し出す影響がある

休み時間は「子どもと外で遊んだ方がいい」と思われる方は多いかもしれません。結論から言うと**「それも選択肢の1つ」**です。多様化する時代，外で遊ぶことばかりが最適解ではありません。例えば，教師が学校図書館で黙々と本を読んだり，教室を清掃したりする姿は，子どもにとって大きな影響を与える存在となり得ます。

実際に，教師が読書を楽しむ姿を見ることで，読書に対する興味や好奇心が湧き，自らも本を手に取る子どもが増えることは少なくありません。このような教師の行動は，言葉を交わさずとも，子どもとの間に新たなコミュニケーションの形を生み出します。教師の近くに来た子どもに「この本，面白かったなあ。君も読んでみる？」というような一言が，読書への関心を更に深めるきっかけとなるでしょう。

›› 子どもと教師のためのバックオフィス作業

休み時間は子どもとの関わりだけでなく，教師自身の職務を進める時間としても非常に貴重です。残業を極力減らすことで，教師は翌日も元気に子どもの前に立つことができるようになります。

おすすめの過ごし方は，**教室のちょこっと清掃と掲示物の貼り替え**です。子どもは教師をよく観察しています。清掃している教師の手伝いを始める子や，「○○さんの絵，上手だねえ」と話しかけてくる子が現れます。気付けば，教室は綺麗になり，掲示物も張られている状態，さらにはコミュニケーションが生まれるなど，子どもや教師にとってプラスな時間となります。注意したいこととして，一心不乱にテストの丸付けをするなど，子どもに全く関心がない状態は避けたいです。教師の余裕のなさは学級の雰囲気に出てしまうものです。

また，休み時間に職員室で他の職員との情報共有も大切です。可能であれば，窓から運動場で遊んでいる子どもを見守りながら行うと良いです。

確かに，休み時間に運動場でトラブルが起こることは多いです。そこで，「チャイム３分前」に運動場に様子を見に行きます。鬼ごっこで，チャイムが鳴ったのにタッチしてきた問題，ボールを誰が片づけるか問題などは，教師の存在が予防となったり，初期対応が可能になったりします。

結論として，休み時間に教師が子どもと積極的に遊ぶことはもちろん大切ですが，その他の様々な活動も同等に重要であることを理解することが重要です。

26 休み時間は子どもと一緒に遊ぶ？

その他の指導

時期や状況によって過ごし方を考えよう

吉野先生のアドバイス

では，どうする？

>> 年度始めは良く遊び，徐々に自治的な集団を目指す

私は１年間を通して見た時に，４月や５月などの時期は外に出て遊ぶことが多いです。それは，子どもとの関係づくりという面もありますが，トラブルを未然に防ぐという面もあります。ルールを守らなかったり，ケンカになったりする前に教師が子どもたちの中に入って，見守り，時にアドバイスします。揉め事があった場合は，話を聞き仲裁します。サッカーボールを下級生に当ててしまった時は，「わざとじゃなくても謝るといいよ」と教えたこともあります。そして，段々と教師の介入を減らしていき，最終的には子どもたちだけで上手に遊ぶことができるようになると良いと考えています。特に前年度トラブルが多かった学年や学級を担任する時には，新年度は意識して子どもたちと遊ぶようにします。

とはいえ，毎日外に出て遊ぶことはしません。教室や校内で過ごす子どももいるからです。そういった子どもとの関わりも意識した過ごし方をします。バランスを見ながら，**様々な子どもと過ごす機会**をつくっていきます。

≫ 目的をもった休み時間の過ごし方を

Ａの主張にあるように，授業では掴めない子どもの様子を掴めるという良さも一緒に遊ぶメリットとしてあります。子どもとの関係づくりにおいて，一緒に遊ぶことは大きなメリットになります。一方で，Ｂの主張にあるように，残業を減らすために休み時間を有効活用するという視点も大切です。残業が続いてしまうと，どうしても余裕がなくなってしまいます。それが結果的に，子どもとの関係にデメリットとして働いてしまうことも考えられるからです。ですから，「遊ぶ」「遊ばない」を極端に考える必要はなく，**目的をもった休み時間の過ごし方を意識していく**といいでしょう。

例えば，「外遊びをしている子どものトラブルがあるなら，外遊びをする機会を増やす」「孤立している子どもが気になるなら，教室で一緒に過ごしてみる」「欠席が続き，学習が遅れている子どもがいるなら，学習のフォローをする」「子どもが学校にいる間に取り組む必要がある業務であれば，それを終わらせる」。このように，学級や自身のその時の状況を踏まえた上で，それに合わせた過ごし方を考え，選択するのがいいと考えています。

・年度始めは，一緒に遊ぶ機会を多くとる。
・目的をもった休み時間の過ごし方を意識しよう。

27 学級通信は出す？

学級通信は出す

のがいいのは…

A 視点

>> 学級通信を発行するメリット

筆者がこれまでの教員人生で発行してきた学級通信は2000枚を超えました。それほど多いというわけではありませんが，書き続けることで，出し続けることで，良かったと思うことがたくさんあります。

１つ目に，**「保護者との信頼関係を築きやすい」**ということです。学校での様子や授業の様子，子どもたちの作品，教師の思いなどを記すことで，保護者は安心します。また，指導について理解してくださる保護者の方がいます。これは，子どもたちの成長にとって大きなメリットになります。

２つ目に，**「子どもをより細かく見ることができる」**ということです。筆者は，通信に書くつもりで普段の子どもたちの様子を観察すると，ほんの少しの成長や変化を発見できることがありました。通信がなくてもしっかりと観察できる先生もおられるでしょうが，アウトプットすることが前提としてあると，子どもたちの良さを見つける目が育っていくと感じています。

３つ目に，**「実践記録になる」**ということです。学級通信を出すことで，実践記録が出来上がります。行事はもちろん，授業や日常の様子を書き残すことで，それがそのまま自身の実践記録になるのです。これは，かけがえのない財産です。

他にも，「学級通信を見てもらうことで同僚の先生との関わりのきっかけになる」ことや「通信に子どもたちの意見や作品を載せることで子どもたち同士が認め合う機会ができる」ことなど，メリットはたくさんあります。ぜひ，たくさん出されることをオススメします。

>> 相手に受け取ってもらえる学級通信を

渡辺道治先生は，著書の中で次のように述べています＊。

> 「文をかけ」というのは，相手がどのようなことを欲しがっているか感じるための「チューニング能力」というのでしょうか，相手にチャンネルを合わせていく力を磨くことが，文を書くことの一番の価値なのかなと今は思っています。

ただ闇雲に学級通信を発行し続けても，相手（子どもたちや保護者）が心から受け取ってくれなければ，出すメリットは減ってしまいます。

相手がもらって嬉しい言葉を紡いでいくことで，相手に受け取ってもらえる学級通信になっていきます。

＊渡辺道治『汗かけ恥かけ文をかけ。』東洋館出版社，2023年，p.82

学級通信は出さない のがいいのは…なぜ？

B 視点

>> 学級通信は何のために？

日々，現場で奮闘し，子どもの成長のために尽力されている先生方は，この問いに何と答えるでしょうか？　おそらく，「同じ学年の先生方が書いているから」「クラス間で差が出ないように」「保護者の方からクレームがないように…」などの消極的な理由が多いのではないでしょうか。義務感で書くお便りには，その効果に疑問が残ります。教員の働き方が叫ばれる中で，思い切ってスクラップしてはいかがでしょうか？　既に，チームとして出さないとルールを決めている学校もあります。

すると，「予定を出してお伝えしないと…」という真面目な先生方からの声が聞こえてきそうです。しかし，学校には，全体として出す学校便りや，学年通信もあります。先生方で足並みを揃えて，保護者の方にお伝えするのであれば，これらの媒体で既にお伝えしているのです。改めて発行する必要は本当にあるのでしょうか。

また，**見通しをもって行動させたいのであれば，子どもたちに連絡帳を丁寧に書かせるなどの指導をすればいい**でしょう。ただの連絡事項だけでなく，１日の振り返りや，お家で深めたい学びなどを書けるようにしていけば，保護者の方を巻き込むことができます。子どもたちの力もつくので，一石二鳥でしょう。

≫ 教師の力量形成のため

このような目的意識をもって書かれている素敵な先生方も全国にたくさんいらっしゃるでしょう。しかし，それは学級通信である必要はあるのでしょうか。子どもを見取る力をつけようとするのであれば，写真を撮るなどしながら，朝の会・帰りの会で，普段の授業で，子どもたちに伝えることでその機会をつくれます。何より，この目的のためであれば，**普段の授業の充実を図るべきです。各教科のノートチェックや自主学習ノートで日々の気付きを見取り，子どもとやり取りできます。**さらに，ICT の活用により，クラスへの共有も容易にできる時代になりました。また，教師の文章力の向上という点でも，授業案やその振り返りを書くことに力を注げば良いと思います。また，授業の中でも，子どもと一緒に作文を書いたりすることで，機会をつくれます。

以上のように，学級通信を書く目的は，チームでつくっているお便り，そして，日々の授業の充実，見直しを図ることで果たせていると言えます。従って，学級通信は出さなくてもいいのです。

27 学級通信は出す?
目的を明確にして発行しよう

稲垣先生のアドバイス

では，どうする?

>> 保護者との信頼を築く

学級通信を出すことの一番の目的は，**「学校での子どもの様子を保護者に伝える」**ことです。授業における子どもの様子など，日常の子どもの姿を伝えることで保護者は安心します。また，必要な連絡や持ち物，日程について伝えることができます。

学級通信は，保護者と学校をつなぐツールとして重要な役割を果たします。さらに，子どもの様子を伝えようと思うと，子どもの様子を細かく見る必要があります。写真を並べただけの通信では意味がありません。子どもがどのような姿で，どのように成長しているのかを写真や文章を通して伝えます。だから私たちは，子どもの様子をより意識して見るようになります。学級通信を書くために子どもを見るわけではありませんが，意図的に子どもを見るようになります。学級通信を出せば保護者との信頼関係を築けるようになるのではなく，子どもを意図的に見るようになり，それをどう伝えるか学級通信に意識して書くことを続けるうちに，保護者からの信頼を得ることができるようになるのです。

>>「学級でしか出せない」意味を考える

学級通信は，学級経営をしていく上での手立ての１つです。出すのがいい，出さないのが悪いというわけではなく，学級通信を通して，どのような学級経営を行っていくのかを考えることが大切です。

行事予定などの学校からの連絡ならば，学校便りで伝えることができるでしょう。また，持ち物などを伝えたい場合，連絡帳に書かせるという方法も取ることができます。学級通信を出さなくても必要なことを伝えたり，指導したりする場面はたくさんあります。

逆に，学級に語りたい教師の思いや子どもの姿など，学級通信だからこそ伝えることができることがあります。**学級通信を通して学級をより良くできるのならば，出せばいい**のです。ただし，学級通信を出すことには賛否両論あります。学年や学校の方針として出さないこともあるでしょう。学級通信を出すことの目的を明確にしましょう。

POINT

・子どもを細かく見て，文章にして伝えることで保護者との信頼関係を築くきっかけにしよう。
・学級通信だからこそ伝えることができることもある。目的を明確にして書こう。

28 黒板アートはやる

その他の指導

のがいいのは…

視点

>> 感動を生み出す演出

時折，話題となる黒板アート。季節の移り変わりや，学習内容に合わせて描かれるアートは，まるで子どもたちを異なる世界へ誘うかのようです。

黒板アートは単なる装飾ではありません。子どもの心に残る授業の導入として，あるいは季節の行事や卒業式を盛り上げるための手段，演出として，多大な効果を発揮します。例えば，卒業式などの行事がある日には，誰もが思い出深く感動的な時間を過ごしたいと願うものです。教師が魂を込めて描いた作品を目の当たりにした子どもは，とっておきのプレゼントとして受け取ってくれるでしょう。

ただし，ＳＮＳにアップロードしたり，自慢げに振る舞ったりは避けた方が良いでしょう。誰に向けての取り組みなのかは常に意識したいです。**目の前の子どものためだけに描くからこそ尊い取り組みとなる**ものです。

もちろん，黒板アートを行う際には，学校長や事務の方々の許可を得ることが必要です。なぜなら，黒板アートの制作は大量のチョークを消費するからです。しっかりと根回しをしながら，同僚からも認められる取り組みでありたいものです。

>> 子どもと共に創造する楽しみを

学活や図画工作，休み時間に子どもと一緒に黒板アートの創作に挑戦してみるのも良いでしょう。１つの例として，日本の四季をテーマにしたアート制作を行うとします。春には桜，夏には海や花火，秋には紅葉，冬には雪景色…。各季節の特徴を子どもに考えさせ，黒板アートとして表現させることで，季節の移り変わりをより深く感じ取ることができるでしょう。教師の声掛けとして，「皆が感じる四季の魅力を，この黒板に表現してみよう！」というように，子どもの創造力や感性を刺激します。

自由に書くこともアートの醍醐味ですが，よりリアルな絵を描きたい場合は，**プロジェクターで描きたい画像を黒板に映し出し，それをなぞる**ことで，誰でも簡単に描くことができます。その際は，照射光で目を傷めないよう注意しましょう。

結論として，黒板アートはただの絵ではありません。それは教育の一部であり，子どもの心を動かす強力なツールであると言えるでしょう。子どもとの共同作業として取り入れることで，教室の中に新しい風を吹き込むことができるはずです。

28 黒板アートはやらない

その他の指導

のがいいのは…

B 視点

>> 黒板アートは子どもにとってどのような効果があるか？

入学式や卒業式など，学校の節目の行事において，黒板に子どもたちへのメッセージを書いたことがある教師がほとんどではないでしょうか。黒板は昔から学校にあり，毎日目にし，使います。だからそこに書かれる情報は教師と子どもにとって大切なものであるという認識があります。子どもにとって教師から黒板を通して伝えられる言葉や絵には特別な意味があります。**教師は黒板を通して子どもたちへメッセージを送り，子どもたちに「こうなってほしい」という願いを伝えます。**そんな教師からのメッセージにテレビやインターネットを通して目にするキャラクターなどが黒板に描かれていれば，子どもたちの印象に残ります。「〇〇（キャラクター名）だ！　カワイイ！」「先生が描いたの？　凄いね」そんなことを言われると教師は嬉しくなります。中でも，黒板アートは普段目にすることのない大きな絵やキャクターが描かれることで特別感があります。子どもは「先生が自分たちのために描いてくれた」という特別感を抱きます。

黒板は何のためにあるか？

黒板は基本的に授業において使うものです。教師から生徒へ，もしくは教師と子どもが共に使っていくものです。黒板アートには視覚的な効果や芸術的な効果があるのかもしれません。しかし，アニメのイラストを印刷して貼ることとどのような違いがあるのでしょうか。「時間をかけて先生が作ったことに意味がある」という意見もありますが，「先生，凄いね」と子どもは思うだけで，結局は教師の自己満足ではないでしょうか。また，黒板は授業で使うものという認識であるならば，公費で購入しているチョークを無駄に使うことは良くありません。黒板アートを通して，子どもたちは感動し，喜ぶかもしれません。しかし，紙に絵を描いて貼ることもできます。大切なことは**黒板を通して教師が子どもにどのような願いを伝えたいか**です。だからこそ，教師の言葉で伝えた方が良いのです。イラストなどに頼る必要はありません。それでもなお，黒板アートをする教師は，しない教師を批判してはいけません。しない教師もする教師を批判してはいけません。

黒板アートは，何を伝えたいかが大事であり，黒板アートを作ることは時間がかかることであり，無理に時間をかけてまでする必要はありません。

だから，黒板アートはやらない方がいいのです。

28 黒板アートはやる？

学級文化を伝える黒板にしよう

その他の指導

加藤先生のアドバイス

では，どうする？

>> 心でつながるメッセージ

黒板は，教師が子どもたちに思いを伝えることができる唯一の道具です。授業では語りきれなかった素敵な出来事や，行事の思い出，励ましの言葉など，ありとあらゆる場面で活用することができます。日常で起こる様々な瞬間をドラマのように伝えることによって，少しずつ学級文化となっていきます。子どもたちが朝登校した時に「今日も１日頑張ろう！」と思えるようにメッセージを書いている人も多いのではないでしょうか。また，黒板アートによって感動的な演出をする教師もいます。四季折々の背景，漫画や映画の名場面を鮮やかに描くことで最高のプレゼントとなることでしょう。

ただ，描くことばかりを意識してしまうと「思いを伝える」ことからは遠ざかってしまいます。**黒板に描く際には「何を伝えたいのか」という目的を念頭に置き，時と場合に応じて使い分けるのが良いでしょう。**例えば，普段の日常生活では黒板に伝えたいことを言葉のみで表現をして，学校行事や節目の日には言葉とともに絵やイラストを描くことで，子どもたちと心に残る出来事でつながることができます。学級の一人一人が成長した姿を思い描いて，伝えたいことを発信していきましょう。

>> 行動の裏側にある意味を伝える

例えば，教室に落ちていたごみをいつも拾って捨ててくれる子がいたとします。この出来事を**学級に広げる時には「行動に対する意味付け」が大切**です。

黒板には，「気付いた時，いつも落ちているごみをさりげなく拾って捨ててくれる人がいる。たった１人のさりげない小さな行動のおかげで教室が美しくなる。そのおかげで，みんなも気持ち良く過ごすことができている。誰でも拾えるごみを本当に拾える人は気配りのできる人です。感謝の気持ちでいっぱいです」と書きます。教室の何気ない行動に対して，具体的に書きながらも，その行動の裏側にある意味や学級で大切にしたいことを付け加えることで，思いは確実に伝わっていきます。

POINT

・「何を伝えたいのか」という目的を意識した黒板にしよう。
・伝える時は，行動に対する意味付けをして，教師の思いを伝えよう。

29 保護者にはこまめに報告をする

保護者対応

のがいいのは…なぜ？

A 視点

>>「単純接触効果」で良好な関係を

学校と家庭，地域が一体となって子どもたちの育成に携わっていくことの大切さは言わずもがなです。ここでは，学校と家庭の関わりについて考えていきます。保護者にこまめに連絡をすることで，教師（学校）と保護者（家庭）の関係構築につながります。

「単純接触効果」「ザイアンス効果」と呼ばれるものがあります。これは，1960年代にアメリカの心理学者ロバート・ザイアンスによって取り上げられたものです。簡単に言うと，**「繰り返し接触する（会う，話すなど）ことで，相手の好意を生むという心理効果」**のことです。つまり，保護者にこまめに連絡を取ることで，それが単純接触になり，良好な関係性を築くことにつながると考えられます。ですから，保護者にはこまめに報告をした方が良いのです。

しかし，その報告が子どもの良くない行動や担任として困っていることばかりでは，かえって逆効果になります。

>> 成長したこと，頑張っていることを報告する

時には，子どものマイナス面について保護者に報告することも必要かもしれませんが，それだけでは反感を買ったり，不信感を抱かせたりすることにつながります。報告することが，関係性においてマイナスに働くのです。

私も何度か経験があるのですが，電話をかけて「○○小学校の○○です。今，お時間よろしいですか？」と言うと，「うちの子，何かしましたか？」と返されるのです。「学校からの電話＝悪いことをした」と考えられる保護者の方がおられるのです。これは，そういった経験を何度かされたからなのだと思います。

そこで，**子どもが成長したことや頑張っていることについて報告する**ことをオススメします。

「水泳で初めて25mを泳ぎきった時」「逆上がりが初めてできた時」「漢字のテストで初めて満点を取った時」などの時に保護者に報告をするのです。

電話だとお仕事の都合でつながらなかったり，お忙しい時に手を止めさせてしまったりすることがあります。ですから，電話以外の報告手段もたくさんもっておくと良いです。例えば，連絡帳や一筆箋，学校からの連絡メールなどを使って報告する方法が考えられます。各学校や各自治体の実態に合わせて，選択すると良いでしょう。

保護者へのこまめな報告を心がけ，保護者と信頼関係を築いていくことが，子どもの育成にとって大きなメリットになっていきます。

29

保護者にはこまめに報告をする？

保護者には何でもかんでも報告しない

保護者対応

のがいいのは…なぜ？

B 視点

>> 学校からの連絡はドキッとするのが保護者というもの

学校は閉鎖的とよく言われます。運動会や授業参観など，学校行事を通して子どもの様子を知ってもらうだけでは，十分ではありません。日常の学校生活の中での子どもたちの活躍や成長，時には困難や問題も，保護者に正確に伝わることが求められます。そのために学級通信や学校ホームページ，さらには直接の電話連絡など，様々な方法で情報共有が試みられています。

しかし，教師の中には，親切心から些細なことでも連絡を試みる人もいるでしょう。**全員分の情報をそうした方法で伝えると，時間的にも物理的にも限界があるのは明らかです。**保護者自体も多忙で，学校からの予期せぬ連絡にドキッとすることは想像に難くありません。

保護者は，自分の子どもが学校でどのような日常を送っているのか，また何か問題が発生していないかなど，多くの懸念をもっています。予期せぬ連絡があると，その懸念が大きくなることも。報告事項は選び，情報共有のタイミングを計ることが大切です。それに，「迷ったら行動」を基本とし，正確で適切な情報を伝えることを心掛けると良いでしょう。

また，肯定的な情報を中心に伝えるのも効果的です。「今日は，転入生の子に図書館での本の借り方を手伝ってくれていました。その姿を見て，とても心温まる場面だったので報告させていただきました」といった具体的なエピソードを共有することで，保護者との信頼関係も築かれます。

>> 自分だけが特別な先生になっていないか

教育の現場は日々アップデートされ，教師たちの取り組み方も多様です。中には毎日数人の保護者に直接電話するという取り組みをする教師もいるでしょう。しかし，これは通常の範疇を超えているとも言えます。全ての教師がこの取り組みを行えば，電話回線はパンクします。ここで大切なのは，その行動が他の教師や学校全体，そして最も重要な子どもたちのためになっているかどうかを自問自答すること。

周りの先生や学校の方針，そして今後の教育の方向性を考慮しつつ，最も効果的な方法を選ぶ必要があります。**自分のやり方だけが正しいと固執するのではなく，周りと協力し，子どものための最良の方法を探求することが求められます。**このプロセスの中で，保護者とのコミュニケーションも適切に行われ，最終的には子どもの成長と学校の発展に寄与することが期待されます。

29 保護者にはこまめに報告をする?

保護者とともに子どもを支援していこう

保護者対応

萩原先生のアドバイス

では，どうする?

>> 保護者とのコミュニケーション

「小１プロブレム」とよく言われます。これは，子ども自身が学校に適応できないという視点もありますが，保護者の適応が問題となっているとも感じています。これまでは頻繁に教師と連絡を取ったり，我が子の様子を見ていたりしたのに，その機会が急に減ってしまった。我が子は，一体どのように学校で過ごしているのだろう…と。そのため，熱心で真面目な教師ほど，綿密に連絡を夜遅くまで取っている…というような光景を見かけます。持続可能なやり方とは言えないでしょう。

そこで，私は，**子どもの様子を通して家庭でコミュニケーションを取ってもらう**ということを基本としています。いきなり子どもが家庭で話すことは難しいでしょうから，学級通信を通してクラスの様子や授業の様子を伝えたり，ノートやプリントのコメントなどを通したりして，話題のきっかけづくりをしています。このようにして，間接的に教師と保護者がコミュニケーションを取れるようにしています。さらに，学級通信に返信欄を設け，家庭での様子を連絡してもらい，次号で御返事をするという実践もあります。このようにして，子どもの学びを一緒に支援していく協力者なのだという感覚をもってもらうことが大切です。

›› トラブルの捉え方を共有する

学校は，対人関係を学ぶ場，それも失敗から学ぶ場でもありますから，トラブルがあった時にどのように報告するかは大切な視点です。何よりも，**すぐに動くこと**です。先手を打つことで，保護者の安心につながります。その上でまずは，子ども自身が，お家の人に報告するように伝えます。そして，我が子が何を思っているのかを保護者に連絡して確認し，このトラブルを次にどうつなげていくのかを共有します。最後に，その学びの様子を，学校と家庭で連携を取って見守っていきましょうという協力体制をつくります。「トラブル＝悪いこと，なくしたいこと」と捉えるのではなく，「成長の場である」と捉えてもらう報告の仕方を考え，ともに乗り越えていくことで，よりよいコミュニケーションを取っていけるのではないでしょうか。

POINT

・多様な報告の仕方を用いて，３者のコミュニケーションが円滑になるように進めよう。
・トラブル発生時はすぐに報告が必要だが，学び場となるように保護者と共有しよう。

保護者に「ほめてあげて」などと伝える

保護者対応

のがいいのは…

視点

>> 保護者に何を伝えるのが良いか？

「今日，Ａさんが休み時間に低学年の子が困っている時に優しく声を掛けて，一緒に…。どうしても保護者の方に伝えたくて。ぜひ，ご家庭でもほめてあげてください」子どもが学校で良いことをした時に，直接言えない場合は家庭連絡をすることがあります。保護者にあえて伝える時には，以下のような理由があります。

家庭に子どもの良さを伝える理由（例）

- 本人に直接伝えることができなかった。
- 普段は見られない姿だから保護者に伝えたい。
- 教師から直接伝えるのではなく，第三者視点で伝えることによる効果を期待する。

教師は様々な場面で子どもをほめます。特に保護者に伝えるということは，意図をもって行わなければなりません。**子どもの成長を願って意図的に伝えていくことが，子どもの成長に大きくつながります。**

>> 家庭と学校，どのように連携していくか？

子どもは学校であったことを家庭で話すとは限りません。特に自分が学校で良い行いをしたことに対して，自分から話す子どもは少ないように感じます。だからこそ，教師から見た子どもの行動の価値を保護者に伝え，保護者からほめてもらうことに値打ちがあります。家庭教育が子どもに与える影響は大きいです。「生徒指導提要」にも，「学校教育を円滑に進めるために，学校は家庭とのパートナーシップを築くことが不可欠です。保護者が学校の教育活動に積極的に参加することによって，生徒指導は効果的なものになるといっても過言ではありません」と述べられています。怪我やトラブルなどを家庭に伝えることは当然ですが，**「ほめる」ことがあった場合，積極的に家庭に伝えることは，子どものためにも保護者と学校との信頼関係を築くためにも大切**なことです。伝え方は直接，電話，手紙，どのような手段でも構いません。普段から家庭との連携を密にとり，子どもの良さを伸ばすことを考えるのが教師の仕事です。

保護者と教師は，連携して子どもの良さを伸ばしていく必要があります。教師からの直接的な称賛だけでなく，保護者の立場からも伝えてもらうことでより効果があります。

だから，保護者に「ほめてあげてください」と伝えた方がいいのです。

保護者に「ほめてあげて」などと伝える？

家庭の指導に口を出しすぎない

保護者対応

のがいいのは…

B 視点

>> 教師は1年，保護者は一生

教師が同じ子どもと過ごすのは，長くても３～４年程度です。保護者は，生まれてから大人になるまでずっと責任と覚悟をもって育てています。もちろん，１日という時間の中で見れば大半は学校で生活していますが，**核となっているのは家庭**です。目の前にいる子どもたちの言葉や行動の背景には，各家庭での約束や方針に沿った指導があります。教師が，その子のためにと家庭にまで踏み込みすぎてしまうとすれ違いが生まれ，現状を悪化させてしまうことあります。だからこそ，家庭の指導に口を出すのではなく理解を示していかなければなりません。

例えば，学校を休むことが多くなっている子がいたとします。読者の先生方ならどう対応するでしょうか。本人に理由を聞いたり，クラスの子に聞いたりとどうにかして学校に登校できるよう手を尽くすこともあれば，本人の思いを大切にして見守るというやり方もあるでしょう。どちらにしても，子どもの成長にとって必要不可欠なのは家庭との連携です。

>> 子どもの自信につなげるために

まず，大前提として保護者のどんな考えも受け入れることが大切です。なぜなら，今日に至るまでの過ごし方や接し方，困り感を知ることで，より良い方向へ導く手がかりを見つけることができるからです。もし話の途中で，教師が口を挟んだとしたらどうなるでしょうか。それが正論だとしても，きっと保護者は「私の悩みは聞いてもらえなかった」と本音を話さず，表面上で話を終えることになり，教師や学校への不信感へとつながります。そうならないためにも，保護者の気持ちを素直に受け入れ，寄り添いながら話を聴くことが何よりも大切です。

次に，本人の意見も踏まえつつ，どうあってほしいのかという理想状況を一緒に考えます。互いに立場は違いますが，子どもの現状をより良くしたいという思いは同じです。家庭で取り組めることや学校にお願いしたいこと，協力できることについて意見を引き出しながら探っていきます。家庭と学校の意見を一致させておくことで，指導に戸惑うことなく進めることができます。

そして，本人と相談しながら，今までの話を踏まえて未来の自分がどうありたいのかを決めていきます。どれだけ教師が良いと思って考えたとしても，良いかどうかを決めるのは子ども自身です。家庭に口を出しずぎないことで，**時間はかかるかもしれませんが，自分で決めたという事実が次への自信につながり経験となります。**

30 保護者に「ほめてあげて」などと伝える？

言葉の受け取り方の多様性を意識しよう

保護者対応

八神先生のアドバイス

では，どうする？

＞＞ 伝えるニュアンスの微妙さ

言葉は伝えるツールとして私たちの手元にありますが，その言葉がどのように受け取られるかは，様々な条件によって変わります。**表情や声のトーン，時の流れや関係性，そして言葉の選び方。一文字の違いだけで意味が大きく変わることも珍しくありません。**

例えば，教師が保護者に「ほめてあげてください」とアドバイスする場面を想像してみてください。この一言が，どのように受け取られるかは非常に幅広いです。

＞＞ 言葉の選び方と家庭との連携の重要性

まずは，肯定的な場合の反応です。

・教えていただきありがとうございます！
・そうなのですね。子どもが学校のことを家であまり話してくれないので，この情報はとても助かります。

これらは，教師が期待する反応と言えるでしょう。しかし，全ての反応がこのようにポジティブなものではありません。

- 家では常にほめていますが。（まるで私がほめていないと思ってるの？）
- 実は家庭では，ほめずに叱る教育をしているんです。

これらのネガティブな反応が生まれる背景には，様々な理由が考えられます。教師との関係性がうまく築けていない，あるいは教師が家庭の教育方針を尊重せずに自分の価値観を強く押し付けるなど，繊細な部分が多々存在します。

言葉の背後には，多くの要素やニュアンスが潜んでいます。そしてその言葉を適切に使い分け，適切なタイミングで伝えることが求められます。たとえば，教師が「私はとてもほめましたよ」と明るく「Ｉメッセージ」として伝えるのは，保護者に安心感を与えるかもしれません。

最終的に，**子どもの成功・成長や良い行動を家庭に伝え，共に喜び合うことで，学校と家庭の連携が強化され，子どものさらなる成長を後押しする**ことにつながります。

- 否定的な反応の時はＩメッセージで伝える。
- 各家庭の教育方針を尊重し，連携強化を目指す。

執筆者紹介

稲垣 直斗　*Inagaki Naoto*

公立小中学校教諭。1988年愛知県名古屋市生まれ。岐阜大学教育学部卒業。専門教科は社会科。2022年に公認心理師資格を取得。社会科授業を中心に研究実践に取り組み，『社会科教育におけるカリキュラム・マネジメント』（須本良夫・田中伸編著，梓出版社）に実践掲載。

宇都宮 誠　*Utsunomiya Makoto*

大阪府公立小学校教諭。1986年愛媛県生まれ。鳴門教育大学卒業。教育サークル池山会所属。得意技は華金のハイボール。所属自治体教育論文特選３回。著書に『「荒れのピンチ」も信じられないほど乗り切れる　学級裏ワザ指導大全』（明治図書）がある。

加藤 英介　*Kato Eisuke*

愛知県公立小学校教諭12年目。1989年愛知県名古屋市生まれ。名古屋芸術大学卒業。教育サークル MOVE 所属。X では，だいじょーぶ先生とともに10分実践を行い，子どもたちの心に寄り添う教育実践を紹介。「教育情報誌 OF」（新学社），民教連ニュースなどに実践記事掲載。

萩原 和晃　*Hagiwara Kazuaki*

東京都国立学園小学校教諭。1986年長崎県生まれ。東京学芸大学社会科卒業。学校教育目標である「自ら学び，自ら考え，自ら行動する」子どもの育成のために教育実践に取り組んでいる。『教育科学 社会科教育』(明治図書) に実践記事掲載。

八神 進祐　*Yagami Shinsuke*

公立小学校での10年間の勤務を経て，現在は文部科学省より在外教育施設派遣教師としてチェコ共和国で教鞭を執る。
グローバルティーチャーのコミュニティ『X海研』を主催し、世界各国の教師と連携しながら，国際的な視野を持つ日本人教師を目指す。

吉野 幸祐　*Yoshino Kosuke*

佐賀県公立小学校教諭。1988年佐賀県生まれ。奈良教育大学卒業。教育サークル JOYOUS 代表。2021年より MIEE（マイクロソフト認定教育イノベーター）として活動。『第４回全国小・中学校リズムダンスふれあいコンクール』文部科学大臣賞受賞。

【編著者紹介】

八神　進祐（やがみ　しんすけ）

公立小学校教諭。1988年愛知県生まれ。愛知教育大学卒業。教育サークル MOVE 代表。子どもたちの“ありのまま”を大切にした教育実践に取り組んでいる。

教育論文入賞多数。第５回・第７回「全国授業の鉄人コンクール」優秀賞，フォレスタネット主催フォレワン GP 初代 MVP。

著書に，『今すぐ真似したくなる 教室のひみつ道具図鑑』（明治図書）。

YouTube では小学館「みんなの教育技術」より，授業力アップ動画を，Twitter では「だいじょーぶ先生」（@teacher16694123）としてアイデア溢れる教育実践を発信中。

学級経営のモヤモヤについて，
現場教員がとことん考えてみた。

2024年４月初版第１刷刊　©編著者　八　神　進　祐
発行者　藤　原　光　政
発行所　明治図書出版株式会社
http://www.meijitosho.co.jp
（企画）大江文武（校正）吉田　茜
〒114-0023　東京都北区滝野川7-46-1
振替00160-5-151318　電話03（5907）6701
ご注文窓口　電話03（5907）6668

＊検印省略　組版所　株　式　会　社　カ　シ　ヨ

Printed in Japan　ISBN978-4-18-248920-4